黒田美代子

商人たちの共和国

جمهورية التجار

世界最古のスーク、アレッポ

新版

藤原書店

アーフィーヤ門からアレッポ城を望む（2010 年）

〈口絵写真〉撮影・提供＝加藤智津子

ウマイヤ・モスク（大モスク）前（2010 年）

鴉《からす》のモスク。12 世紀に建立。柱、土台はヘレニズム、ヒッタイト時代までさかのぼる。なぜ、鴉のモスクと呼ばれるのかは不明（アンターキーヤ門近くの丘の上、2010 年）

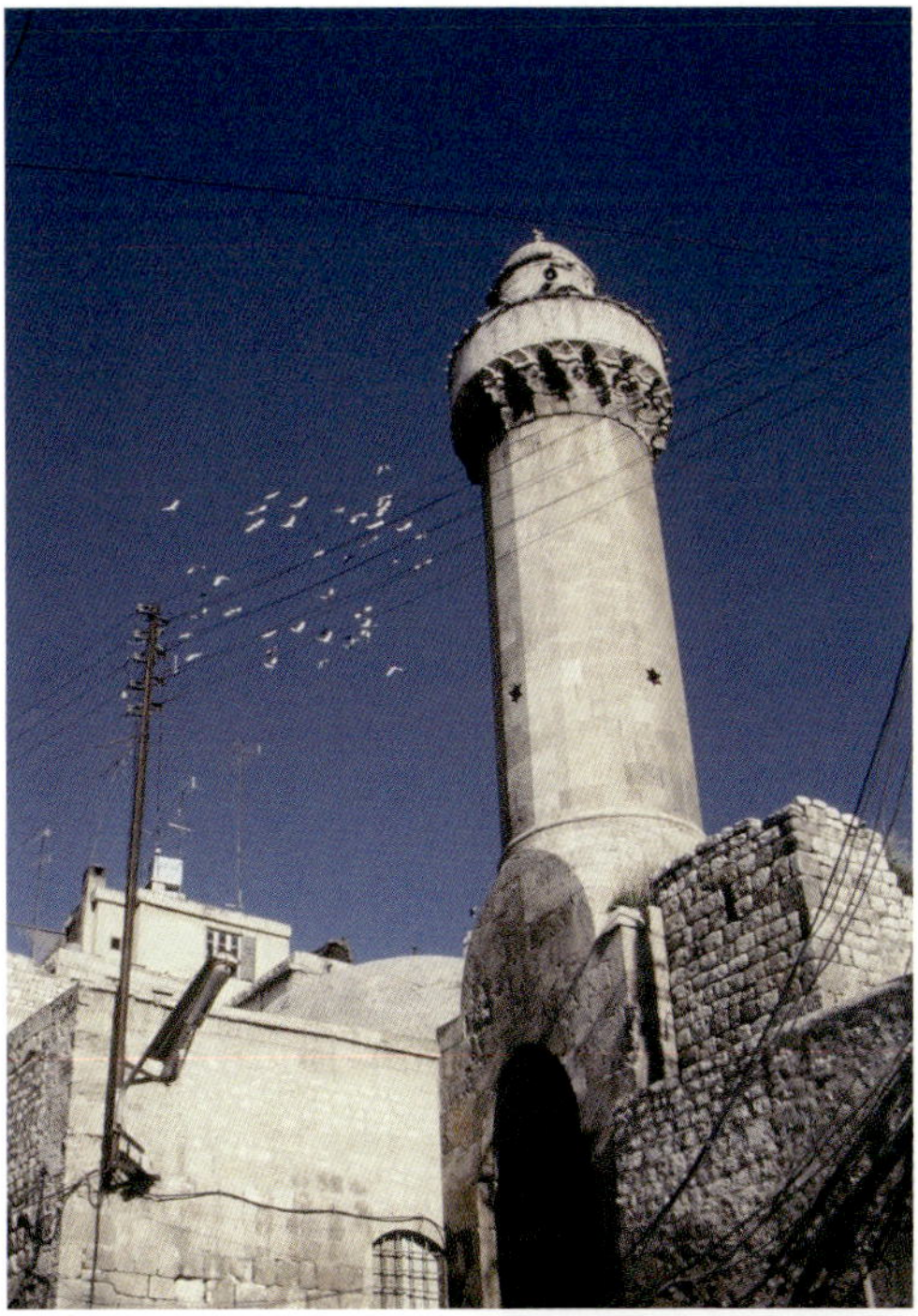

ハーン・ハッジ・ムーサー・アアワジュ
の入口のモスク（1994 年）

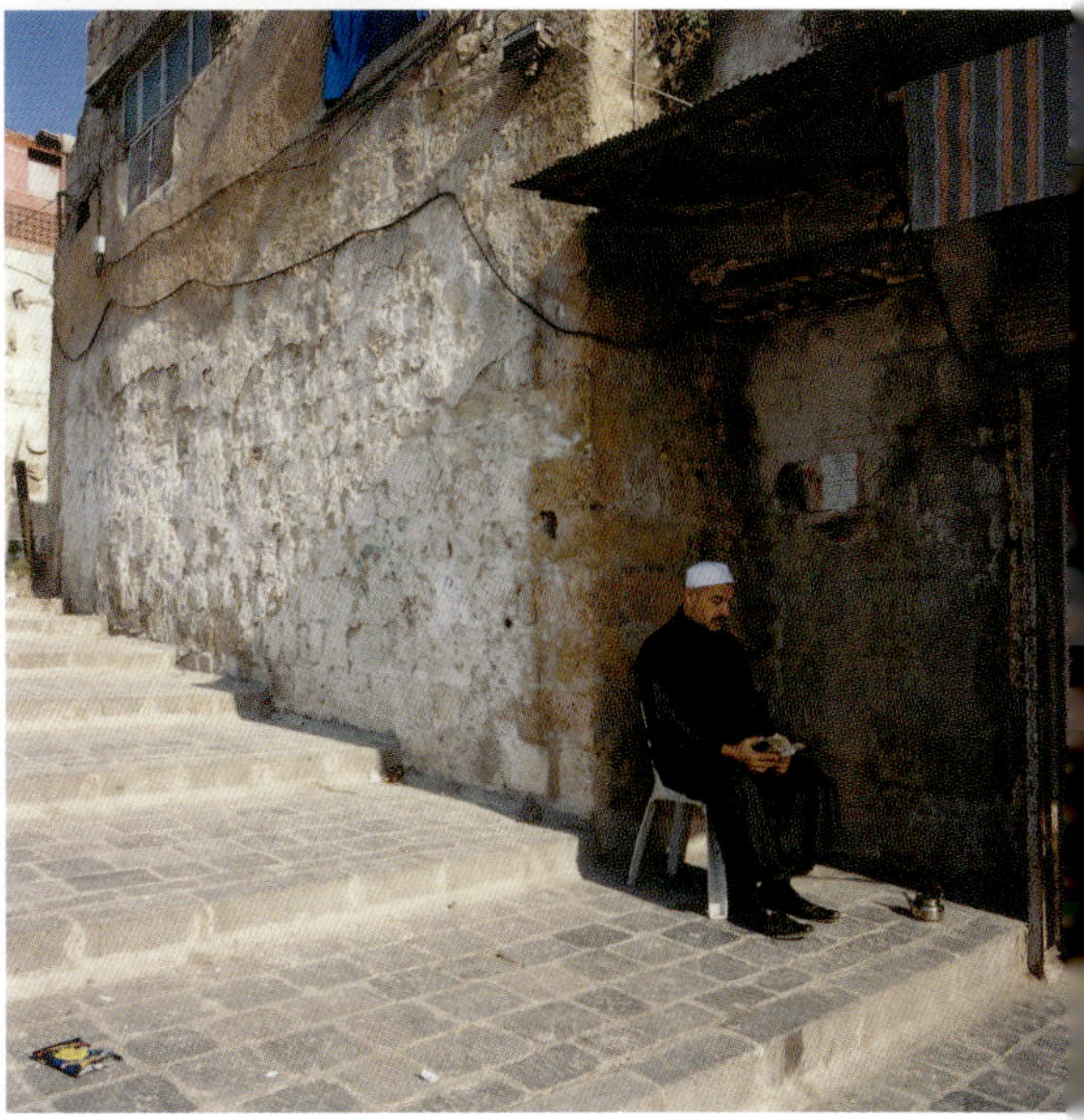

クルアーンを朗唱する人
（2010 年）

アレッポのスーク（1998 年）

スークのどこにもある水飲み場（メディーネ、2000年）

ハーン・ハッジ・ムーサー・アアワジュ（2010年）

アブー・ムハンマドの店（キンニスリーン門近く、2010 年）

古い彫刻の残る壁（アンターキーヤ門から入ったスパイス通り、2010 年）

銅職人（スーク・ナハスィーン、1998 年）

狭い路地を車で走る青年
（マカーム門近く、1998 年）

中から外は見えるが、外から中は見えない出窓、マシュラビーヤのある建物。
ファラジュ門の記憶をとどめる時計塔（2001 年）

2 階の客と値段交渉に応ずるスイカ売り（キリスト教地区ジュダイデ、2000 年）

フィールドワーク中の著者。卸商のアナスとともに（122 頁参照）
（ハーン・ハッジ・ムーサー・アアワジュ、1993 年）

△天蓋スーク。アレッポのスークの特徴は、灼熱の陽光を遮る天蓋にある。芝居の舞台のように商人も商品も通常の時間、空間を超えた異質の次元の存在のようだ。

世界最古の商業都市アレッポ

△アレッポの象徴、要害堅固なアレッポ城。この城砦の固い守りを基礎に商都は繁栄する。

△市の新たな中心、ファラジュ門跡の時計台の周囲は、とりわけ人ごみで賑わう新商店街。

△"開けゴマ"　薄汚れたみすぼらしい板戸を開けると、奥には高価な絨毯の山。スーフィー教団の重鎮で慈善事業にも熱心な長老は、同時に名うての商人である（79,149頁参照）。

△商工、娯楽の場として賑わうスークで、人々に飲料水を提供するために寄進されたサビール（水飲み場）。寄進財（ワクフ）は、国家の枠を超えたイスラーム社会の維持に貢献している。

◁スークの路地には、小型トラック、バイクも入れば、ロバも通る。

▷スークは娯楽、教育の場。今日も若者、娘たちが散歩がてら市況等の社会教育を実践する。

スークの世界——伝統経済の特殊性

△布地のスーク。古来繊維業で名高いアレッポの布地市場は、近隣在郷の女性客で賑わう。

△日用品のため買いは男性の役割。男性客を前に、スーパーには負けない、と商人たちは言う。

△香料の店。美食で知られる人々に豊かな香辛料、薬草を提供する中東固有の店々。

△穀物商たち。豊富な穀物、ナッツを商うために、全国各地から卸商が訪れる。商売の一こま。

△街路の裏手には多くの工房があるが、数少なくなった伝統的な機織り職人も依然として健在。

スークの活動

◁メディーネは商人たちのためだけの場ではない。鍛冶屋も商品提供に与かるスークの重要な一員。

ハーン

△通りを外れると、いたるところに中庭を囲むハーンがある。その多くは一階が倉庫、事務所、二階は工房。

△かっては旅舎として遠隔地の商人を泊めた、ハーンの二階部分。風格のある造りが、往時を偲ばせる。

△現在は主として職人たちの工房となっている。縫製、アイロン掛けなどさまざまな職種にわたる。

△一階は事務所、二階は工房となっているハーンの中庭で、目の不自由な若者もタバコを売り歩く。

◁鮮やかな陽光のもと、シリアの生活の落ちつきをうかがわせる中庭の一こま。

▽涼風をさそう緑陰が印象的な中庭の静けさ。その下でしばしば、商人たちが集ってトランプに遊び興じている。勿論、賭はご法度。

ハーン・ハッジ・ムーサー・アアワジュ

◁人通りは少ないが、多種の顧客が足しげくここを訪れる。口コミが評判の唯一の宣伝メディア。

△曲がりくねった、ハーン・アアワジュのトンネルのような入口。手前に、夜閉ざされる門扉がある。

△▽トンネルの先の奥まったハーン・アアワジュの中庭。物静かな雰囲気は人々の協調的な生き方に相応しい。

ハーン・アアワジュの商人たち

◁アーディル（二二四頁以下参照）。〈夢を売る男〉を彷彿させる教養深く誠実な香水商の店は、顧客で一杯。看板兼用の扉は、店じまいの時には閉じられ、壁と一体化する。

△アナス、マーリク兄弟（122頁以下参照）。兄は20歳の心優しい青年で、弟は12歳。零細だが、いっぱしの商人。

▷マーゼン（一五八頁以下参照）。歳若くアレッポの金細工の技術を習得し、工房を構える、美的センス抜群の18歳。

△若い共同経営者サンマーンとナーニー(138頁以下参照)。優れた友人関係を基に業績を伸ばす金物屋チーム。

◁シャンマーウ(147頁以下参照)。店では主にガス器具を扱い、郊外には工場を持ち、また、大学教授でもある経営者。

▽カルカル(133頁以下参照)。一坪ほどの店、電話一本でシリア全土の得意先と商売する張り切り屋の自助の人。

◁半坪ほどの水場で、コーヒーその他の飲み物を用意し、店々への出前に忙しいコーヒー屋。

▷水ギセル（ナルギール）で一服しながら、商談、よも山話に花を咲かせる商人たち。

▽「朝のコーヒー」（二七頁参照）の名残。暇をみつけては、仲間同士のよも山話。商売、政治の世論形成の場。

商人たちの共和国

アレッポの誘惑——新版刊行に寄せて

黒田壽郎

スークという磁場

着陸まぢかに見舞われた乱気流に大きく揺れた飛行機から、軽い船酔いを覚えながらダマスカス空港に降り立つと、すぐに大型長距離バスでアレッポを目指して旅立つ。街を離れると視野をおおいつくすのは、果てしなく拡がるシリア独特の赤茶けた土漠である。途中ホムスやハマーといった小都市を経ながら、四、五時間たって陽が傾く頃、ようやくアレッポに到着だ。

バスが小高い丘の上からゆっくりとくぼ地を下っていくと、眼前に広がるのはシリアの京都とも呼ばれるこの瀟洒な歴史的都市の全貌である。そのエキゾチックなたたずまいは、えもいわれず魅力的である。とりわけ街の中心に広がる伝統的なバザール、アラビア語でスークと呼ばれる市場の美しさは、中東世界全域で名高い。高い石壁に囲われたスークのほとんどは厚い屋根で覆われ、陽の光と熱気を遮って、内部に心地よい影と涼気を保っている。

中央の丘の頂に聳える要害堅固なアレッポ城を取り巻くように拡がる、スークの中に密集する小さな商店の群れは、千差万別、差異性の極みである。それぞれに並べられた商品はまったく個性的で、品数豊富であり、店のサイズ、規模もまちまちである。加えて街並みは不規則で、区画はいびつそのもの、互いの境界線はすべて歪んでいる。この猥雑さが、それぞれの店の個性を際立たせ、辺りに響き渡る人々の甲高い声音が、住人たちの活気を迫力あるものにしている。数限りない個人のさまざまな営みが、例外なく輻輳し、協和し合うような磁場。スークはそのような共同性の場であり、そこで鳴り響く交響曲は奇妙に聴く者のはらわたに染み込まずにはいない。

イスラームを理解するために

仏文学を専攻した筆者は、〈欧米と日本〉という枠組みに閉じ込められた認識のパターンに飽き足らず、それを相対化し、乗り越えるために、新たに異質の文化圏の研究に携わることを決意した。そのような意図からアラブ研究に誘ってくれたのは、恩師井筒俊彦教授である。ところで向こう見ずに専門を変えた筆者に襲いかかったのは、まず難解なアラビア語の習得と、その背後にあるものの理解の困難さであった。

エジプト政府の交換留学生としてカイロ大学に留学し、イスラーム史学科に編入されたが、この大学への留学生はすべてアラビア語を母国語とするアラブ人で、初級を学習しただけの日本人では、とても太刀打ちできない。アラビア語の習得のためには時間をかけるにしても、問題は折角読み取れたアラビア語の文章の行間が、全く埋まらないというもどかしさである。文化、文明に属するものの理解は、先ずその総体的な相についての一般的な認識を欠いては、絶対に不可能である。しかしアラビア文明は、スークの中の猥雑な会話のように、いわく言い難く解読が容易ではない。

したがって筆者は、この文明解読のために入手可能な基礎文献を、学際的に読み漁ることに着手した。イスラームの思想、哲学の理解は、その中心的な世界観であるタウヒードの理解のためには不可欠である。また法の構造、諸細目の理解は固有の法、シャリーアの実態を認識するために欠くことはできない。さらにウンマと呼ばれるその独自な社会の構成を知るためには、基礎的な政治、社会論に関する知識は絶対に必要である。これらの諸要素は、三つ互いに寄り添ってイスラーム性を構成しているが、これら以外にもこの文明を理解する上で有益な文献には事欠かない。

その第一は、トインビーが社会学の創設者として激賞する、イブン・ハルドゥーンの『歴史序説』である。アラビア文明の内的構造理解のために、これほど有益な著作はない。その他タバリーやイブン・アシールの歴史書、マーワルディーの『統治の書』といった政治論、さらにはバーキルッ＝サドルの『イスラーム経済論』、『無利子銀行論』といった経済論も、重要である。これらの総論を検討して次に求められるのは、さまざまな各論である。

例えばアレッポのスークの実態の研究に当たっては、バーキルッ＝サドルの前掲書以外にも、イスラームのギルドであるターイファ、ヒスバと呼ばれる市場監督官制度とヨーロッパのギルドとの歴史的比較検討も欠かすことはできない。

エジプトでの留学生活を終えて帰国後、しばらくイランで教鞭をとった後に、新潟の国際大学に移籍し、そこで中東研究所を新設して研究・教育に携わると、折りしも中東研究の活性化のために、文部省より重点的に科学研究費が与えられた。「アレッポのスークとイスラーム経済」というタイトルで共同研究を組織し、数年にわたり現地調査を行った成果の一部が、本書『商人たちの共和国』である。

著者の黒田美代子は筆者の妻であり、駒沢女子大学で教鞭をとっていたが、五年前に他界している。慶應義塾大学で小生と共にフランス文学を専攻したが、卒業後結婚し、共にエジプトに留学した。現地ではアラビア語を習得すると共に、パレスティナ問題を研究し、多くの論文を書いている。その後イスラーム文化研究を志し、とりわけその経済的側面の理論的・歴史的研究に取り組んでいる。イスラーム研究者の常道として、クルアーン、ハディースを読みこなすと同時に、その法学的側面、特にフィクフに通じている点で、十分な基礎知識を積んでおり、さらに先に挙げたような重要な著作は、夫婦の間で定期的に講読を行い、研究を重ねた。ここに特筆すべきことは、部分を語りながら全体を開示する〈地方誌〉としてアレッポという小都市の市場を分析している著者が、論じられる主題よりもはるかに幅広い枠組みで、当該の文明の基本構造に関する認識を備えもっているという点である。具体的な引用はないが、それなくしては本書の内容のような濃密さは期待し得ないのである。

「生体」としてのスーク

本書において著者は、スークの地形学から分析を始める。一見無用な配慮と思われがちな指摘であるが、そこで示される分析の結果はスークの成立にとって基本的なものである。中央を貫通する一本の幹線道路、その周囲にはキャラバン・サライや大モスク、浴場といった、スークを通過していく旅人たちに欠かせないものが集中している。ところがそこを一歩離れると、複雑に曲がりくねった小路、迷路の組み合わされた雑然とした居住空間である。そこでは個々の居住空間が、他と譲り合うことをせず、徹底的に自己主張し合う結果、境界線は不規則に歪み、挙句にカスバのような迷路の組み合わせが出来する。このような雑然たる有様は、欧米の都市工学からすれば、都市の体をなすものではない、乱雑の極みである。全体像を計画・立案する設計者不在の都市などはありえないという訳なのである。

しかし観点を変えるならば、スークの形状・配置は、生体のあり様に比せられるものではあるまいか。個々の細胞の独自性に配慮して、生き物の血管の太さ、形状は乱雑そのものである。水道管のような直線的なものを文化の極みと取るか、欠陥のような不規則な曲線を重視するかは、決定的な相違であるが、スークにとっては、いやイスラームにとっても、乱雑な曲線の方が、より本質的なのである。そしてこのような相違は、個のあり方、共同体の成立原理から、経済体制の構造の独自性にまで及んでいく。これが商業の形態、商人の生き様とも深く関わっていることは疑いがない。

主題の展開の種々相は本書に委ねるとして、スークにおける商人たちの生き様が、徹底的に自己主張を貫きながら、同時に共同体性に包み込まれている実態と、そのからくりを見事に明かしている著者の腕前に感服するのは、身贔屓な筆者ばかりであろうか。現在シリアばかりでなく、中東世界全域で分裂・分断の現象が蔓延している。しかし伝統的な価値に深く根ざしているこのような共同体が存続する限り、この地域の未来への灯火は消え失せることはないであろう。伝統的な文化・文明というものは、一朝一夕で簡単に葬り去られることはないのだから。

〈内戦〉という言説が覆い隠すもの

ところで、世界史に通じた識者にとっては今更述べるまでもないことであるが、若干の説明が必要であると思われるのは現在のアレッポに関する基本的な認識である。一般のマスメディアによればシリアの、特にアレッポ地域の周辺では、政府軍と反政府軍の間では激しい〈内戦〉が続き、市街地では大掛かりな破壊活動、民間人の殺傷が行われていると伝えられている。この地域の歴史に詳しくない人々にとっては、この表現が一人歩きして、そこから理解されるものを元にして、問題全体の構図を描き出そうとする。未知の事柄については、往々にしてこのような軽率な判断が下され易いが、シリア問題に関してはこのような姿勢は大きな躓きの原因となるので注意が必要である。

現在われわれが質さねばならないのは、報じられている紛争が、果たして〈内戦〉と規定されうるものか否か、という問題である。この定義に先立って検討しなければならないのは、この地域全体を包み込む国際情勢の大きな枠組みである。それに当たってまず注目すべきは、この地におけるイスラエル建国と、その後の経緯なのである。この新造国家の建設に当たって、最も積極的に関与したのは米国である。アラブ全域の反対を封じこめ、当時の国際情勢を巧みに利用して作り上げられたこの国家は、設立以来一貫して後ろ盾となった大国と共にアラブ世界と対立し続けてきた。イスラエルはほぼ正確に十年に一度、アメリカから潤沢に援助された最新鋭の武器によって近隣のアラブ諸国に攻撃を仕掛け、それによって国力を削がれた独立間近の周辺諸国は、この新興国の下風に立つようになったことは、この地域の近代史に明らかである。

いうまでもなくシリアはアラブ世界に属する国である。そのような国が、自らに敵対する勢力と誼を通じることなどありえないのは当然である。多くのアラブの国々が、アメリカの援助を仰ぐイスラエルの攻勢に屈しているが、最後まで反シオニズムの旗を掲げ通したのはシリアのアサド政権であった。そして強大なアメリカと事を構えるに当たって、シリアが頼みにしたのはソ連であった。反アラブ、親イスラエルのアメリカに対する親アラブのソ連という構図は明白であり、誰の目にも疑いのない事実である。ところで現在のシリアにおける軋轢を〈内戦〉と報じることには、大きな虚偽が隠されているとはいえないであろうか。このような言い回しによって隠蔽されるのは、基本的な矛盾を生み出す構造そのものなのである。ここで思い起こしておかなければならないのは、アラブ域内で見捨てられたままのパレスティナ難民たちの現在である。イスラエル建国当初故郷を追われた難民の数は、約五十万人に過ぎなかった。しかしその後七十年を経て、難民の数は五百万人に達しているといわれている。これ程の難民を生み出し、決して解決の道を見出しえない機制を生み出し、それに固執し続ける大国には出口はないのである。

シリアにおける三つの勢力

ところで現在のシリアにおける内紛は、大別して以下の三つの勢力によるものである。バアス社会主義を奉ずるアサド政権、それに対抗する反政府勢力、ならびにイラクから侵攻してきた通称イスラーム国の三つである。三者はいずれも自らのアラブとしての大義を擁護する点では変わりないが、その拠り所とするところには微妙な相違がある。しかし最も正当化されて然るべきは、アサド政権であろう。支持層はアラブであると同時に大半がムスリムであり、社会主義と宗教は抵触するところがない。七十年の間アラブの大義を守り通してきた実績は、何者も否定し得ないのである。これに反対する反政府勢力は、現政権の強硬ぶりを非難し、強いイスラーム的な観点からその強権主義的な姿勢を弾劾するが、泣き所はそもそも反アラブ的な勢力の支援を専ら拠り所にしている点である。現地で強く根を張ったアサド政権に対して、外からの傭兵に依存するこの運動は、いずれ衰退の危機に直面せざるを得ないであろう。

最後のイスラーム国については、イラクにおけるこの運動の起源について一瞥しておく必要がある。大国アメリカは、大量破壊兵器を蓄えているという口実の下に、サッダーム・フセインのイラクに侵攻した。この口実はでっち上げで、間もなくそれが偽りであることが明らかにされた。しかしアメリカにとってこの種の言いがかりの根拠などは、どうでも良いことであった。真の狙いは最初から、強い反米的姿勢をとり続けるイラク潰しに他ならなかったのである。ただし軍事的な進攻に成功を収め、フセイン大統領を葬り去った後の米軍司令官の無能ぶりは、極め付きのものであった。通常戦いの勝者は、戦後処理を容易にするために、敗者の中の優れた人員を懐柔する努力を行うものである。それなしには安定した占領など期待すべくもない。しかし愚かな司令官は、フセインの指揮下にあった全員を、十把一からげに旧支配者の残党として敵対視したのである。その結果彼らは、窮鼠却って猫を噛むのたとえの如く、イラクの北部に勢力を蓄え、その余勢をかって隣接するシリア西部を版図に収めているのである。

以上の説明から明らかなように、イスラーム国のシリアへの登場は内発的なものではなく、米国の恣意によって生み出された外発的なものである。そしてこの事実から同時に明らかになるのは、この大国のイラク進攻の真の意図が、破壊兵器の問題などは単なるカムフラージュに過ぎず、端的なイラク潰しに過ぎなかったということである。支援国イスラエル擁護のための、アラブ勢力の徹底的破壊こそが米国の戦略の根幹であり、イラクの攪乱のすぐ後で新たにターゲットとされたのが、まさにシリアに他ならないのである。このように現在のシリアにおける騒乱は、〈内戦〉として片付けられる体のものではなく、如実に〈外圧〉によって惹起されたものなのである。イスラーム国の存在は、それ自体で、米国の中東政策の基本的失敗を示唆するものであろう。そのなによりの証拠は、この大国が手を出した中東世界のいかなる国においても、占領政策に関して成功例が見出せないところにある。イスラエル建国以来七十年、外見上米国は中東において勝利し続けてきたように思われるが、首尾良く成功したのはこの地域の破壊においてのみであり、建設的な実績はなに一つ残していないことは歴史が証明済みである。

このような事態の総括の後に明らかにすべきは、現在シリアにおいて紛争中の三者の役割についてである。いずれのアクターも、目指すところはそれぞれの独立の権利の擁護にあるが、イスラーム国の場合自らの勢力の温存、維持のために汲々として、大義実現の方策に誤りを犯している側面が強い。支配下の地域における住民たちへの粗暴な姿勢、少数民に対する差別的な態度等、イスラームの大義を唱えながら、その実践面においては芳しくないような事実が多々窺えるのである。イスラームの登場当初、信徒たちの間には強硬な反体制派が存在した。イスラームのピューリタンと称される程信仰の純粋さを求めた彼らが行ったことは、堕落したムスリムの矯正であり、自浄作用を追求こそしているが、未だ正しい教えに目覚めていない異教徒に対しては、寛容そのものであった。このような姿勢こそ、イスラームの教えが拡大される真の要因だったのであり、誤った厳格さはむしろこの教えを傷つけるものに他ならないのである。

最後にアラブの大義の擁護という目的から、シリアで競合している三者の教相判釈を行うならば、優位に立つのはアサド政権であり、他の二つは劣っているという判定が下されて然るべきであろう。

このような観点から現在進行中の情勢を緻密、正確に伝えている優れた業績としては、元シリア大使の国枝昌樹氏の諸著作、ならびに外国人の介入を排除した和平交渉の道を模索するシリア人思想家、ハイサム・マンナーアに関する今沢紀子氏の論文（地域文化学会紀要16号）を推しておきたい。

「植民地主義」の再来に抗する文化の力

旧態依然とした分断統治の産物に他ならないシリアの内紛は痛ましい限りであるが、これが端的に示しているのが植民地主義の形を変えた再来である。沿岸に戦艦を配置して、軍事的に内陸部を支配するといった旧式の直接的な威圧でなく、善意を装った巧妙な圧力で仕掛けを作り、内戦といった化粧で真相を隠蔽する手法が、未だに成功裏に遂行されている感は拭いがたい。ただしこの使い古された手法の効用は、流石に期限切れとなってはいないであろうか。異質の文化、文明に対する非寛容は、それが示される地域全体でテロの温床を作り、返す刀で自分たちの懐そのものを脅かす状況をもたらしている。脅威のブーメランが、その与え手の社会をも脅かし始めている現状を悟らしめないのは、問題を正視せず、内戦といい含めることで足れりとする事なかれ主義の仕業である。国連という国際的機構の機能不全、格差を生み出すだけの資本主義、現実にどこにも実例が見当たらない民主主義。これまでもてはやされてきたスローガンの有効期限切れは明白であるが、近代文明の危機に直面するわれわれが真剣に模索しなければならないのは、それを乗り越えるための新たな視座の確立にあることは疑いない。そしてそのような任務を果たしうるものは、生の全域と関わる文化的なものを除いて他にない。

それに当たって最も信頼に値するものは、人々の社会的な、具体的生きざまである。固有な文化は、それぞれ長い伝統を通じて、固有の生きざまを紡ぎ出している。それこそは当の文化に属する民衆のアイデンティティーの証であり、彼らの集団的自己主張の根拠に他ならないが、それは優れた地方誌の中に最も良く映し出されるものである。本書『商人たちの共和国』は、アレッポのみでなく、アラブ全域の民衆の生きざまを生き生きと描き出すことによって、彼らの文化的力とその本性を明かしてくれることであろう。そのような証は、異文化の力の根源を知る真のよすがであり、それを知る者は、軽々に異文化を拒絶する試みのはかなさを認識せざるをえないであろう。常により高い境地に人を誘うのは権勢ではなく、文化の力であり、いつでも〈ペンは剣より強い〉のである。

二〇一六年十月

（くろだ・としお／イスラーム学。カイロ大学客員教授、イラン王立哲学アカデミー教授、国際大学中東研究所初代所長を歴任）

商人たちの共和国〈新版〉目次

商人たちの共和国〈新版〉

――世界最古のスーク、アレッポ――

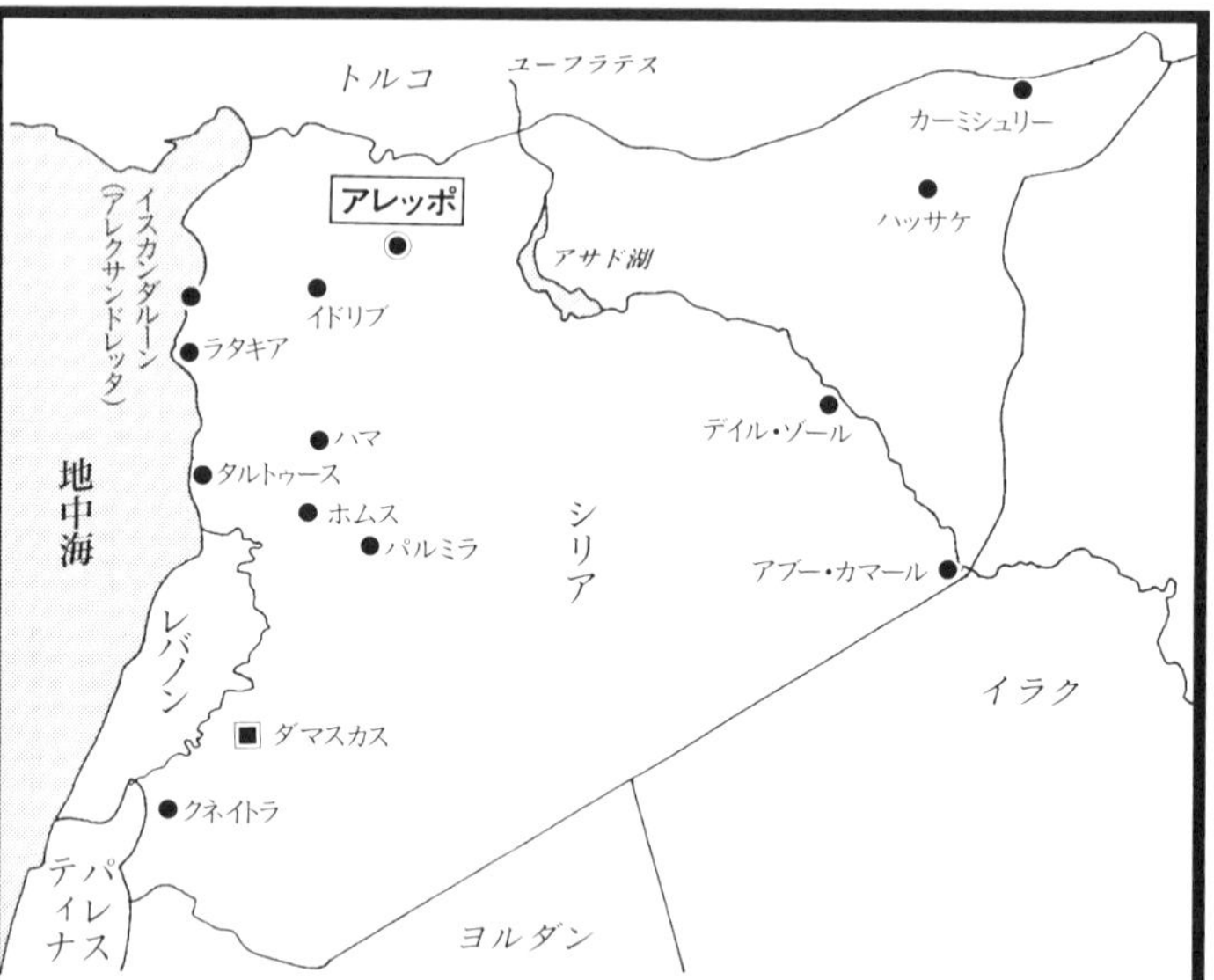
トルコ
ユーフラテス
カーミシュリー
アレッポ
ハッサケ
アサド湖
イスカンダルーン
（アレクサンドレッタ）
イドリブ
ラタキア
デイル・ゾール
ハマ
タルトゥース
地中海
ホムス
パルミラ
シリア
アブー・カマール
レバノン
イラク
ダマスカス
クネイトラ
パレスティナ
ヨルダン

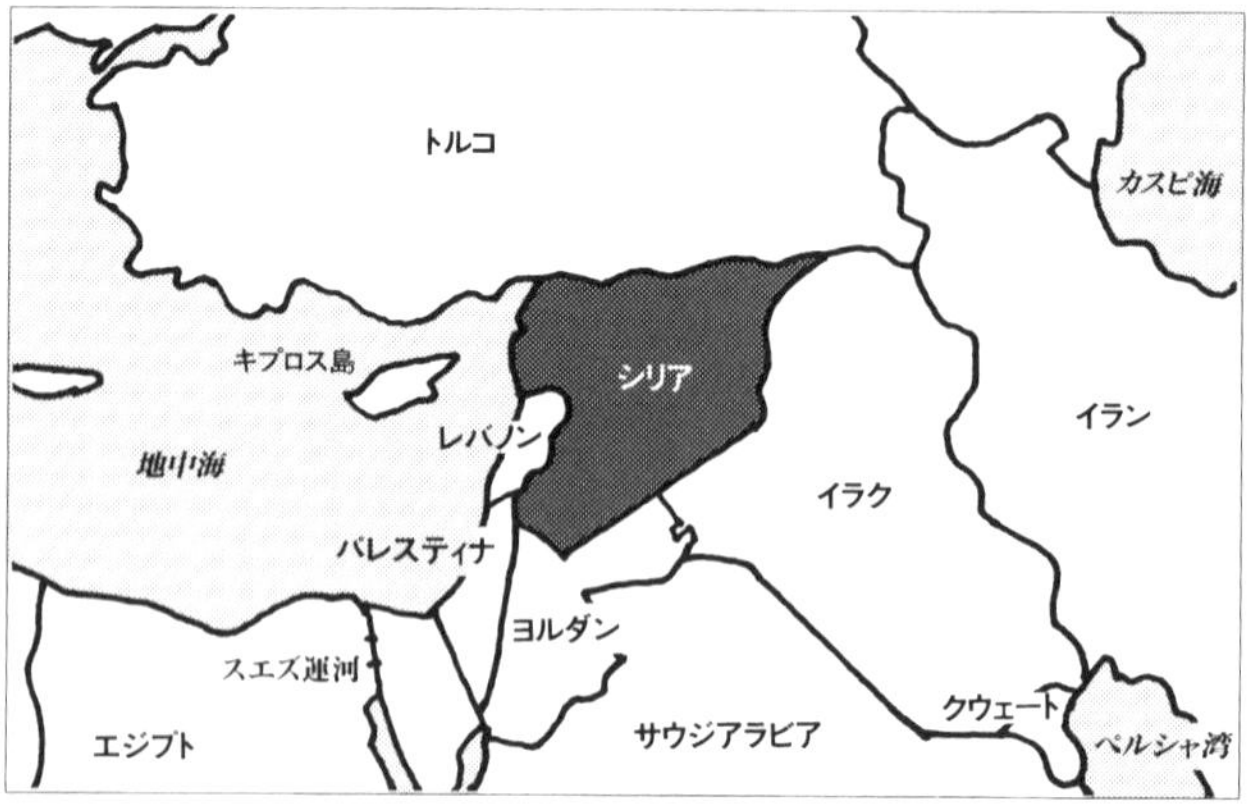
トルコ
カスピ海
キプロス島
シリア
イラン
レバノン
地中海
イラク
パレスティナ
ヨルダン
スエズ運河
クウェート
エジプト
サウジアラビア
ペルシャ湾

はじめに――本書の意図

本書の主題である「商人たちの共和国」は、架空のものではなく、実際に存在する共同体である。中東ないしはイスラーム世界の至るところに、アラビア語でスーク、ペルシャ語ではバザールと呼ばれる伝統的な市場があるが、このスークにおける特殊な経済活動、そこに働く人々の社会関係等といった重要な問題に関して、これまで有効な分析はなされてこなかった。したがって筆者は、世界でも最古といわれるシリアの古都アレッポのスークを選び、数年にわたって現地調査を行ってきた。

約一世紀前までオスマーン朝下の一領州であり、独立後も独自の社会主義路線をとって近づき難かったシリアばかりでなく、総じてこの地域一帯についてわれわれは、殆どその実態を知ることがない。認識の欠如以上に問題なのは、この地域ばかりでなく、中東世界一般をめぐる色濃い偏見が存在している事実である。とりわけ実害が多いのは、例えばマックス・ウェーバーの見解であろう。彼によれば、オスマーン帝国はスルターンによる〈アジア的専制〉の典型とみなされ、その支配下では法も正義もなく、裁きは気ままな〈裁判官の好み〉によって行われ、民衆は息のつまるような生活を強いられていた。このようなイスラーム世界暗黒説を上塗りしてきたのが、既成の観念の色眼鏡で中東、イスラーム世界を説明してきた数多くのポスト・ウェーバー主義者の諸言説である。

ただし最近、とりわけここ十年間の優れた専門家たちの研究成果は、このようなウェーバーの所説、ポスト・ウェーバー主義者の論拠を完全に打破しつつあるのである。このような動きの原因となったのは、研究者たちが、地方諸都市に存在する裁判所記録等の、地域の諸資料を積極的に活用し始めたことにある。これまで歴史家は専ら、権力者、支配者の歴史しか書いてこなかった。また人類学者にしても、その多くはこの地域の文化、社会の本性と深く関わることのない、手軽な主題しか取り上げてこなかった。しかし地方史研究の波は、歴史家の視線を民衆の社会生活に引き寄せ、同時に人類学者たちに重要な貢献を果たす可能性を与えたのである。

いずれの分野においても多くの重要な業績が上げられているが、最近の歴史研究では例えば地方都市における政治権力の複雑性、重層性と経済の関係を浮き彫りにしたZ・ガッザールの研究等が出色であろう。しかしそれ以上に目ざましい進歩を示しているのが、人類学の分野である。C・ギーアツに想をえ、W・ハッラークの重厚な法学研究の成果を踏まえたL・ローゼン、H・ガーバー等の法人類学の領域での業績は、裁判所記録という客観的資料を基礎に、この暗黒とされてきた世界における法の役割、裁判官の実態等に真昼の陽光を浴びせかけているのである。その結果ウェーバーの所説は、ほぼ完全に否定されている。

このような研究上の変化は、中東イスラーム世界の核心的な問題について述べられている既存の学説に、疑いをさしはさませるに十分であろう。われわれの主題、スークに関しては、これまで殆ど重要な指摘、分析がない。これはなぜかという問いから始まって、筆者は先人のまばらな道を、遅い足取りで独り歩きしなければならなかった。しかしスークでの現地調査は、多くの貴重な成果を筆者に与えてくれた。ここでは本書を読み進められる読者のために、その内容のごく一端だけを示しておくことにしよう。なるべく多くの読者に、地中海の東、南に位置する世界の現実の姿を肌で知って頂くために、本書は旅行記風、案内書風のスタイルで始められている。しかしその狙いは以下のような点にあることを、予め指摘しておこう。

中東イスラーム世界において特徴的なことは、多様で異質な民衆の間にみられる精神的均一性、道徳的一体感である。多くの文明の接点に位置するこの世界は、内外の支配者の欲望の対象となり、歴史上さまざまな権力者の支配下に入るが、オスマーン朝スルターンもその一人である。しかしこの強大な力を持つ専制君主も、予想に反して地域レヴェルでは簡単にその権力を上から貫徹させることは不可能であった。地域の共同体は、それを許さぬ程力強く、狡智にたけていたのである。さまざまな権力者の上からの圧力を分散させ、巧みに自治の圏域の保持、拡大を果たしえた民衆の叡知と、それを支えた制度、システムとはどんなものだったのであろうか。その政治的、経済的、社会的基盤はいかなるものであったのか。本書を通読されて読者は、少なくともその経済的基盤が、スークにあったことを理解されることであろう。オスマーン朝、フランス植民地支配を経てバアス社会主義下においても、スークは本質的に構造を変えぬまま存続し、むしろ困難に喘ぐ公的セクターをしのぐ活力を示しているのである。

地中海の北ではイタリアに〈都市国家〉が創出され、そこで培われた市民精神、通商慣行を継受、発展させるかたちで現代の国民国家、資本主義が生まれてきた等の説明がなされる。これに対して南の政治、経済的構造、ならびにその歴史的展開は際だった相違を示している。ここでの〈共和的なもの〉には、これまで明確な定義、十分な説明は存在していない。しかしそれは後に明らかにされるように、中東イスラーム世界にも確かに存在し、散在する〈都市〉を中心とした共同体において維持されてきた。そのさいに人々の交流の拠点となったのは、他でもないスークである。ところで利子が禁じられ、法人の存在が認められず、最近まで銀行が存在しなかったスークの経済が、北の資本主義とはまったく異質のものであり、異なった歴史的展開を示したのは当然であろう。それらを代償として、スークはなにをかち得たのか。そのような経済観念を持つ人々の政治、社会的意識はいかなるものなのか。

本書で明かされていくスークの内実を、一言で言い当てる表現を日本語に求めることはなかなか難しい。そこで用いられたのが標題の、〈商人たちの共和国〉という呼称である。厳密にいうならばスークの商人は、われわれの理解する商人とは異質である。またスークそのものを取り上げてみても、それは通常の国家よりはるかに小さな単位にしかすぎない。しかしイタリアの都市国家にしても、その単位は都市サイズでしかなかった事実に倣って、ここでもあえてスークを指すために共和国という表現を用いることにした。スークをこのように呼ぶ筆者の真意は、本書を読み進むにつれて読者に明らかとなるであろう。

商人たちの共和国の分析は、これに始まって結局、中東イスラーム世界の政治、経済的特質の発見という地域研究者にとっての重要な責務の遂行につながるとともに、ひいては地中海の北と南の基本的な相違の点検、ならびに対話の可能性の追求へと大きく広がっていく性質のものである。スーク研究は、このような知的遠隔貿易の最初の旅程に他ならないが、先ずはとにかくスークそのものの検討から始めることにしよう。

序

スークとはなにか

本書で取りあつかう主題は、既に述べたようにアラビア語でスークと呼ばれる中東世界に伝統的な〈市場〉である。近くて遠い中東の文物の中でもこれはとりわけ人々によく知られているものなので、この言葉そのものについては立ち入った説明の必要もないであろう。エキゾチックな雰囲気の中に所せましと立ち並ぶ小さな店々、そこで商われるこの地域に特有の金銀細工、衣装、布地、香料、雑貨といった珍奇な品々、行き交う群衆の人いきれ、買い手と売り手の間の声高な値段の交渉。中東を旅したことのある人々がまず疑いなく訪れるこの市場の情景は、現地体験のない読者にとってもテレビなどですでに馴染みの深いものであろう。

スークを訪れる者は殆ど例外なく次のような印象、感想を持つ。スークそのもの、そこで展開されている活動、ひとやものの動きの全体的な印象は、迷路、乱雑さ、不規則性、ごたまぜ、風変わり、曖昧模糊、異国情緒、不明瞭、珍奇等といった定義し難い、不定形なものに冠される表現で示されるようなものである。きっかりきちょうめんな者はこの乱雑さに嫌悪の念を抱き、他方乱調に美を覚える人々はそこに「千夜一夜」の世界のような感興を見いだす。

だが問題は、そこから一歩先にある。ここで行われている経済的行為は、スークに特徴的な固有のものなのか、それとも世界中どこにでもある〈市場〉で行われているものと等質のものなのか。経済活動は一つとくくる普遍論者は、スークになんの特異性をも認めない。風変わり、珍奇さは、スークに付加されたたんなる属性であり、本質的なものではないのである。例えば普遍説は、経済活動が高度に資本主義化される以前の市場は皆同じ顔をしていたという指摘でこと足れりとしているが、果して実際にそうなのであろうか。

人々が群れ、集まるところに市場はつきものである。パリやロンドンの生鮮食料品市場、築地の魚市場、大都会には必ずといってよいほど見かけられるチャイナ・タウンの市場などを初めとして、地方都市の三の日、五の日などに開かれる小規模な市場に至るまで、世界のあらゆるところにさまざまな市場が存在している。そしてスーク、あるいはバザールという名で知られている市場は、その他の市場と何の相違もないのであろうか。商人たちが商品を仕入れて、ひとの集まる場所に店を構え、買い手にそれを売り渡す。あらゆる市場でなされる行為は、それだけを取り上げてみれば至極単純で、世界のどこに行ってもそれほど大きな差異はない。そのような観点からすれば、市場は市場でとりわけて異なった点は存在しないことになる。だが果してそうであろうか。

スーク、あるいはバザールとはなにか。その他の市場との相違はどこにあるのか。これを解明することが本書の主題であるが、そこに特殊性を認めない論者たちは、とりわけ詳しい吟味もせずにそれと類似のものがイタリアやフランス、中国等にも存在するといったおおらかな主張をしている。ただしここでは先ず、スークというものが一般にどのような地域に存在するかを確認しておきたい。アラブ世界ではスークが問題とされる時には、最も美しく、典型的なものとしてモロッコのフェス、シリアのアレッポ、イェメンのサナアの三つのスークの名が挙げられる。

しかしスークはアラブだけのものとは限らない。トルコのイスタンブール、イランのテヘランのバザールなどは、その風格において先に挙げたスークに決して引けをとるものではなく、むしろ規模の点では遥かにそれらをしのいでいるのである。このように見てくると、これがアラブとかトルコ、イランといった特定の人間のものではなく、もう少し上位の概念で捉えられるものに属することが明らかになる。

バザールという表現はすでに他の世界にも浸透しており、われわれにしても百貨店や商店街の安売りセール、慈善団体の基金集めのための特売会などの機会によく耳にするようになっている。ただしこれらの場合は例外として、本来の意味でのスーク、バザールの地理的分布の状況を調べ、それを要約する共通項を求めてみると、どうやらイスラーム世界に特殊の市場ということがいえそうである。

ただしバザールがイスラーム的か否かということになると、学者の間でも意見はまちまちである。大勢はそれが、イスラームなどと何の関係もないとする意見であるが、そこになんらかの関係を認める研究者にしても未だに詳細な検討を行ってはいない。この種の論議は手を変え、品を変えして、さまざまな学会で頻繁に繰り返されているにも拘わらずである。

このような研究の状況にあってこれまでのところ重要な指摘をしているのは、慧眼な人類学者クリフォード・ギーアツである。モロッコのスークに関する著作、『セフルーのスーク』で彼はいみじくも指摘している。「中東研究によりもたらされるべきであった交換に関する概念の修正は、未だに完遂されてはいない」。残念ながらギーアツは、スークを論ずるに当たって、イスラームに固有な経済思想を一つも検討していないという弱点を抱えているが、この書には正確な観察眼を持つ者だけが認めることのできる、優れた洞察の結果があちこちに散りばめられているのである。

未だに厳密な分析が行われていない問題を検討するに当たり、本書においては数回のアラビア語による長期的な現地調査の結果を、先人たちの研究書に散在する示唆的な指摘に、これまでまったく省みられなかったイスラームの経済思想から割り出される諸帰結を加味した分析を行うであろう。イスラームの経済関連諸法は、この教えが登場して以来十数世紀にわたりイスラーム世界の経済活動を規制してきている。欧米流の経済システムがこの世界に浸透し、優勢を占め始めたのはたかだかここ一、二世紀のことにしか過ぎないのである。千年の余にわたりこの世界ではいかなる経済システムが基調をなしていたのか。不思議なことに研究者は、このような基本的に重要な問題について殆ど一顧だに払ってはいない。しかしこれは、正常な知性にとってははなはだ奇怪なことではないであろうか。

スークとはなにか。未だに定説といえるものは存在しない。これはしかし研究者にとっては挑戦的で、魅惑的な事態である。中東研究にはまだまだ、発見が期待される大きな鉱脈が無尽蔵に隠されているのである。ただしそれを発見するためには、机の上の議論だけではどうにもならない。未知の対象がもたらす豊かな啓示に道しるべを求めようとするならば、現地に旅をする以外はない。スークのもつ独特の雰囲気については、現地を訪れた経験のある人と、そうでない者との間には大きな理解の隔たりがあるはずである。果してそこにあるのは独特の雰囲気だけなのであろうか。その背後にはそれをかもしだすにふさわしい、ある固有の構造が隠されているのではなかろうか。現地での体験は、当然感性豊かな観察者にそのような問いかけに解答を与えるような啓示を与えずにはいないが、間接的な知識、言説をもってしては解は得られるはずもないのである。

中東世界のハイライトといえるスークに関しては、直接、間接にこれをとりあつかった業績がこれまでにも数多く蓄積されている。しかしそれらは主として地理的、歴史的観点からさまざまな事実、データを取り上げ調査、考証するといった種類のものが専らで、スークの全体的な構造、その機能の特殊性について含蓄のある指摘を行っているような研究、つまりその本性の解明に貢献するような成果はごく稀なのである。他方近代資本主義的な商業形態にどっぷりと浸かりこみ、それ以外に売買の可能性があるなどということは思いもよらないような環境に慣らされているわれわれにとっては、市場は市場としてすべて一様なものと映じ、それ以外のものがあるとすればそれは過去の遺物にすぎないと考えがちである。そのような状況に慣れ親しんだ者は、中東の市場とは例えば縁日に神社やお寺の門前に立ち並ぶ屋台のようなもの、あるいは東京の秋葉原や御徒町《おかちまち》の卸、安売り市場のようなものといった連想をすることであろう。商売の上辺の形態だけを取り上げてみれば、このような連想はかなり的を射ているといえない訳ではない。とにかくそこで行われている商行為は、われわれが標準的なものとして受け取っているそれとは異質のものなのである。スークのたたずまい、雰囲気の中には、縁日の屋台や卸売場に共通の、いわゆる通常の資本主義的な慣行、日常的な商行為がかもしだす雰囲気からはみだすものがある。そこにはハレの日の華やぎや、定価の専横に反抗する意志のみなぎりといった共通のものが明らかに存在している。ただしスークの本性を見定めるためには、このような似て非なるものを例にあげることは、百害あって一利もないといえよう。この伝統的な市場は、それに固有な奥深さをたたえ持っている。その秘密を探るためには、安易な比喩に頼ってはならない。われわれは執拗に、スークそれ自体が啓示する声に耳を貸さなければならないのである。

スークに限らず一般的な常識が定着していない中東世界の事柄について記述するにさいしては、書き手の側に独特な配慮が要求される。この主題について、読者はどの程度の基礎知識を備え、どのような関心を持たれているのか。論旨の展開に当たってどのような読者を想定するかという悩みは、新しい分野、未開拓の領域について学び、語る者につきまとって離れないものである。だがこのさい筆者は、このような憶測に煩わされることなく、ただ読者の未知な世界にたいする旺盛な好奇心にだけ訴えかけることにしよう。そこで本論に立ち入る前に、本物のスークを訪れる機会のない読者のために、先ずはこの異国情緒溢れる市場を実際に訪れてみることにしよう。

スークの現場を訪れて

「さあお客さん、お茶でもどうですかね。それともコーヒーですか。」

「有難う、それではコーヒーをお願いしましょう。」

「コーヒーは、砂糖を多めにしますか、それとも少な目に……」

「そう、中くらいにして下さい。」

「ムハンマド、お客さんにコーヒーをお持ちしなさい。砂糖は中くらいだよ。」

スークの商人たちは、概ね如才がない。なにがしか用事のありそうな者にお茶やコーヒーの一杯を振舞うことは、商人気質に欠かすことの出来ないものなのである。行きつけの店ともなると、客の方でもお茶の一杯も飲まないで立ち去ることは、むしろ失礼なことになる。ゆっくりとトルコ・コーヒーをすすってから、主人とのよもやま話。今日は時間が早いせいか、通りに客足が少ない。すると黒いチャードルをまとった人品卑しからぬ年輩の婦人が店に入ってくる。すると主人は引出しから紙幣を出して、彼女に渡している。大きな額ではないが、決して僅かな金額でもない。黙って座って見ていると、また似たような老婆がやってきて主人が彼女に小金を渡している。ところでまたしばらくすると、また老婆がやってくるのである。

「ここはずいぶんお婆さんのくるところですね。今日は一体どうしたのですか。」

「ああ、今日は特別なんですよ。木曜日だから。」

「木曜になにか……」

「卸しの決算日なんですよ。だから儲けのなにがしかをお裾わけするのです。これはここの昔からのしきたりです。」

「なるほど、ではここにやってくるお婆さんたち、みんな貴方の知合いかと思ったら、物もらいなんですね。どうもおかしいと思った。」

「物もらいですって。そういう言い方はいけませんね。お客さんのお母さんにあたるぐらいの品のいい人たちでしょう。手元不如意な人たちとか、日本語にもそんな表現はないのですか。アラビア語ではムタワースィルといいますが。」

スークの商人たちは、日本では高い値段をふっかけて外人から不当な利益をむさぼる、血も涙もない強欲な連中といったイメージだけで捉えられている。だが慌てた観察者には、彼らのいま一つの側面が見えていない。確かに彼らにしても、商売に関しては割り切ったという以上の側面がある。例えばわれわれが通りがかりに道端の商品の値段を尋ねたとしよう。すると非常に多くの商人たちはわれわれの顔をまじまじと見つめてから、しばらく経ってようやくいくらと答えてくる。即答しない間だけ、これは高めにふっかけておけというしたたかな計算が働いているのである。とにかく商売のある部分、ある時点まではここの商人たちは徹底的に厳しいのである。

そこでほとんどの訪問者たちはこう考える。そもそもこういう不愉快なことが起こるのは、商売のやり方そのものが悪いからだ。商品にきちんと定価がついていれば、こういう不愉快なことは起きようがない。そして一物一価の〈定価方式〉と、相手により値段の異なる〈交渉方式〉が比較され、前者が遥かに後者に勝るという裁決が下るといった道筋を辿るワン・パターンの議論はすでにお馴染みのものである。

一物一価の定価方式が、商品に関する情報と価値を均衡させ、等価にすることによって経済活動の計算可能性の基礎となり、それによって飛躍的に経済システムの近代化が達成された経緯についてはここで詳しく述べるまでもあるまい。われわれの現在の生活の簡便さの多くはこのシステムに負っているのであり、筆者にしてもこの恩恵を軽々と拒否するつもりは少しもない。だが問題はその先であろう。この一物一価の定価方式への過度の依存は、貨幣の専制を助長させ、それが原因となって現在のバブル経済のツケといった現象を生み出していることも、まさにわれわれが目撃している現実なのである。その影響は単純に経済の領域にのみ限られず、文化、社会的な側面にまで及んでいるのではなかろうか。

進歩、発展、簡易、簡便の一物一価方式は、それ自体同時にそれに伴う固有の文化、社会的様式を携えているのであるが、これをただ崇め立てるだけではすでに時代遅れというものであろう。ただしここで余り性急に、議論の後半の部分について指摘することは差し控えることにしよう。筆者の伝統経済にたいする関心が、決して単なる懐古趣味ではないことを予め述べるだけにとどめ、あとはいま少しこのバーゲニングによる商行為そのものについて、現場でじっくりと観察してみよう。

「どうもコーヒーをご馳走さま。そろそろ出かけますが、このオーデコロンは一瓶いくらですか。」

「お客さんなら、三〇リラでいいや。」

「でも三五リラと値段が付いているじゃないの。」

「ああそれはね、一応の目安なんですよ。最近は値段を付けるのが流行だから。でもね、馴染みの客とか、気に入ったお客さんには大抵おまけしているんです。原価は割っていないんだから、心配しなくていいですよ。」

「コーヒーを頂いて、その上まけてもらったのでは悪いですね。それではなにか髪につけるリキッドみたいなものないかしら。どうも髪がパサパサで。」

「無理して買うことはないのですよ。髪につけるならリキッドより良いものがありますよ。例えば国産ですが、ライムのジェリーなんか評判です。べとつかなくて、匂いがいいから。」

「それを頂きましょう。いくらですか。」

「まあ今回は使ってみて下さい。これは私からのプレゼントです。」

「いや、それはいくらなんでも。私まで一緒に、木曜日の御利益に与ったみたいで……」

「まだ朝のうちでしょう。昔はどの店も、朝一番のお客さんには大サービスをするしきたりがありましてね。アラビア語でイスティフタープというのですが、お客さんもそのうちですよ。」

一物多価の啓示するもの

交渉による商取引は、一物一価を原則としていないだけに、不慣れな買い手には確かに不利に働く。しかしこの辺はあまり焦らずに、じっくりと観察することにしよう。まず問題にしなければならないのは、次のような不慣れな観察者による報告である。

彼らによれば、スークの取引形態が交渉方式だというのはすでに昔の話で、現在ではほとんどが定価方式に切り替わっているということである。しかしそれは正しいであろうか。確かに現在ではそのような傾向が強まっていることは、否めない事実である。しかし実際にスークにおいては、ごく自然に〈定価〉そのものが、一物一価のそれとは大分違ったおおよその目安に切り替えられている辺りを、これらの観察者はきちんと押えているのであろうか。伝統経済のしたたかさをまざまざと見せつけられる、この辺の事情を無視しては秘密の解明は難しいのである。

重要な事実確認をした後で、再び元の問題に戻ることにしよう。旅慣れぬ金満大国の日本の旅行者たちは非常にしばしば、阿漕ぎな悪徳商人の餌食になりがちである。世界にはどこにでも、金のありそうなお上りさんをカモにしようと待ち構えている、雲助のようなワルがいる。価格が一定でないばかりに、このようなワルの悪乗りを抑えられないところは、確かに交渉方式に不都合な点である。これは否定し得ない一つの側面であるが、同時にスークはこれを防止するためのさまざまなからくりを持っているのである。ここではその一つだけを挙げてみよう。

スークに特徴的なことは、特定のクォーターに特定の商品を売る同じような店がいやというほど集まっていることである。あるクォーターは金銀細工、隣は絨毯の専門店、次には布地を売る呉服屋等々。ものを買うには値段に関する正確な情報を手に入れることが最も肝要であるが、例えば香料を買いたいと思うならば、香料の専門店が集まっているクォーターに行きさえすればよいのである。目ぼしい店の両隣、もしくは向いの店を何軒か訪れさえすれば、買いたいものの値段、質など重要な情報はすぐに手に入るのである。不正確な情報にもとづいて売買することは愚の骨頂であるが、堅実な買い手ならばものを買う前にまずその相場を調べることであろう。さもない場合にはごまかされるか、富める者は多くを支払うという原則に従う結果になることを覚悟せざるをえないのである。

スークのこの作りは、同時に商人たちに一種の自制を強いるような機能を持っているのではなかろうか。左右、向こう隣に同じ様な商品を売る店が数多くあるとすれば、どうしても不釣合いに悪い品を高く売るなどということはできないのである。顧客を自分の店につなぎ留めるためには、商品の質、値段について常に十分な注意を払うばかりでなく、それ以外にも人柄、知識などを介して彼らに有形、無形のサービスを提供しなければならない立場に置かれるのである。スークのこのような形態的な構成は、商行為にまつわる不正を自然にチェックする役割を果たしているが、それは翻ってまた商人たちの不当な競争を妨げることにもなっているのである。

定価方式に対する交渉方式、それとスークの構成との関連などと話を続けてきたが、このように分析の可能性は四方八方へと広がって行くようである。これはほんの序の口の話題であるが、ここで筆者が指摘したいのは、スークという主題が一般に理解されているよりも遥かに奥行きの深いものであるという点である。だがこの際さかしらな分析に捕らわれることなく、あくまでも対象の啓示するものに耳を貸すという、最初の公約にしたがうことにしよう。それにはまずごまかされただけでスークから逃げ帰るのではなく、こちらが相手の好意にたじたじになる程つき合ってみることである。

筆者自身の経験によれば、交渉方式の御利益に与る方が多いので、その結果このような本を書くような次第になったという思いが強い。売り手と買い手の関係の密度によって変化する価格、その不定形性はスークの店々の形態とも関わりがあるのだろうか。間口、奥行き、どこをとっても規格などというものがなにもない。この不規則性は、クォーターの地図を描いてみればすぐに納得がいくであろう。とても一筋縄では、図面にならないのである。店の裏手には思いもよらないような倉庫が、あちこちに突き出ており、その先がどうなっているかなどおよそ推測がつかない。余談であるが、店の賃貸契約書なども非常にしばしば広さに関する指摘はなく、ただ隣とどのように接しているかということが記されているだけだということである。中東に一般的な、デジタル性を排除し、アナログ性を好む傾向はここにも明瞭である。しかしそれは、なぜ、どの程度、なにと関わっているのであろうか……。

延々と続く奥深い迷路。余程通い慣れた者でないと、昨日訪れた店に今日行こうとしても無理である。そうだ、そこには人目につく看板や宣伝広告もない。これは一体なぜだろう。どうやら販売の段階では、ここにはほとんど競争がない。あってもごく限られているようだ。これはなにを意味するものであろうか。疑問をもっていると、また面白いヒントが与えられる。

一昔前のことであるがクォーターの商人たちは、毎朝店の前に椅子を出して皆で一緒にお茶、コーヒーをゆっくりと嗜む習慣があったそうである。その間お客がやって来ると、一人が彼に応対するために椅子を持って店に入り、二人目の客には別の主人が同じように応対する。順番が一巡して、初めて通常の商売が始められる。客の取り合いは、商人たちが最も軽蔑したものだということである。広告がないというのは、このような商人気質の延長なのであろうか。広告がないとすると、これまた商人たちに特殊の信用が期待される原因ともなる……。

力強いスークの伝統

スークが啓示するものには、まだまだ多くの広がり、深みがある。読者に若干の臨場感を味わって頂いたあとで、以下は本文に譲ることにしよう。ただしこの序文を締めくくるに当たって、一つだけ重要な事実を指摘しておこう。それはこの伝統的な市場が、現在の中東世界において占める地位、実勢に関する実態である。通常人々は、これが経済の近代化とともにいずれは滅び去る運命にあるものと考えがちであろう。だがそれは実際に、年を追う毎に活動を縮小させ続けているのであろうか。

現在筆者は中東でも最も古く、美しいスークをもつ町として名高いシリアのアレッポで現地調査を行っている。その詳しい内容は本文中で分析することになるが、調査の結果によればスークに関係する経済活動は、アレッポにおいては予測を大幅に越えて、未だに少なく見積っても全体の五〇パーセント近くを占め続けているのである。イスラームの登場以来十世紀以上も本流であり続けたこの経済は、オスマーン朝の後期から具体的にも、制度的にも近代西欧的な経済の影響を受けてきたが、その後のフランスによる植民地主義支配、それに続く長い社会主義体制の下でほとんど息も絶えだえといった印象で捉えられてきた。事実シリア研究の専門家たちはスーク経済についてはほぼ一言も言及しておらず、また当事者であるシリアの経済企画担当者たちにしても、この問題を一顧だにしていないのが現状なのである。

しかしものごとの五〇パーセント近くを占める部分を考慮の外において、全体についての如何なる客観的な分析、評価が可能であるといいうるであろうか。とにかく伝統経済は絶えざる無視にも拘わらずかくも力強く生き残っており、今なお堂々と自己主張を行っているのである。それが滅び去りつつあるという印象を一般の人々が持つとすれば、責任は専らこのような実態について盲てきた専門家たちにあるといわざるをえないであろう。

実勢五〇パーセントに近い部分が白昼堂々と隠蔽される背景には、現代の経済学者の方法論が深く関わっているであろう。先に述べたように、スークの交換経済は簡単に計算の可能性を受け入れない。多くの経済学者はそこで、計算不可能なものをインフォーマルなものとして頭から無視してしまうのである。そもそもこれは扱いにくいし、その占める率も先進国においては微々たるものである。ただし発展途上の国々に、これと同じ事態を想定することは妥当であろうか。アレッポの例にも明らかなように、それは実状無視も甚だしいといえるであろう。

計量不可能ないわゆるインフォーマルな部分は、途上国ではかなり大きな割合を占めており、同時にそれは後に指摘するような意味で、忘れ去られてはいるがそれなりの重要な役割を果たしているのである。しかし経済学者は、近経、マル経を問わず総じてこのインフォーマル部分が嫌いである。どちらの専門家からしてもこの部分は、あるいはその計量不可能性故に、あるいはその非公的性格故に、卑しめ遠ざけておくにしくはないような代物に過ぎないのである。スーク経済は、在来のアカデミックな公式的理解そのものによって、構造的に疎外されてきたのである。その帰結として恐るべき現実無視がもたらされるとしても、それは致し方のないことなのであろう。時によって、学問ほど現実に盲させる結果を生み出すものはないのだから。

スーク経済は、未だに中東世界の経済活動のきわめて大きな部分を占めている。それは忘れ去られたというより、研究者が長い眠りについていたといった方がより適切であろう。その分析はいずれ、中東世界の正確な理解に資するばかりでなく、われわれにさらに広汎な世界認識の射程を開示してくれる筈である。

第一章　アレッポと交易の歴史

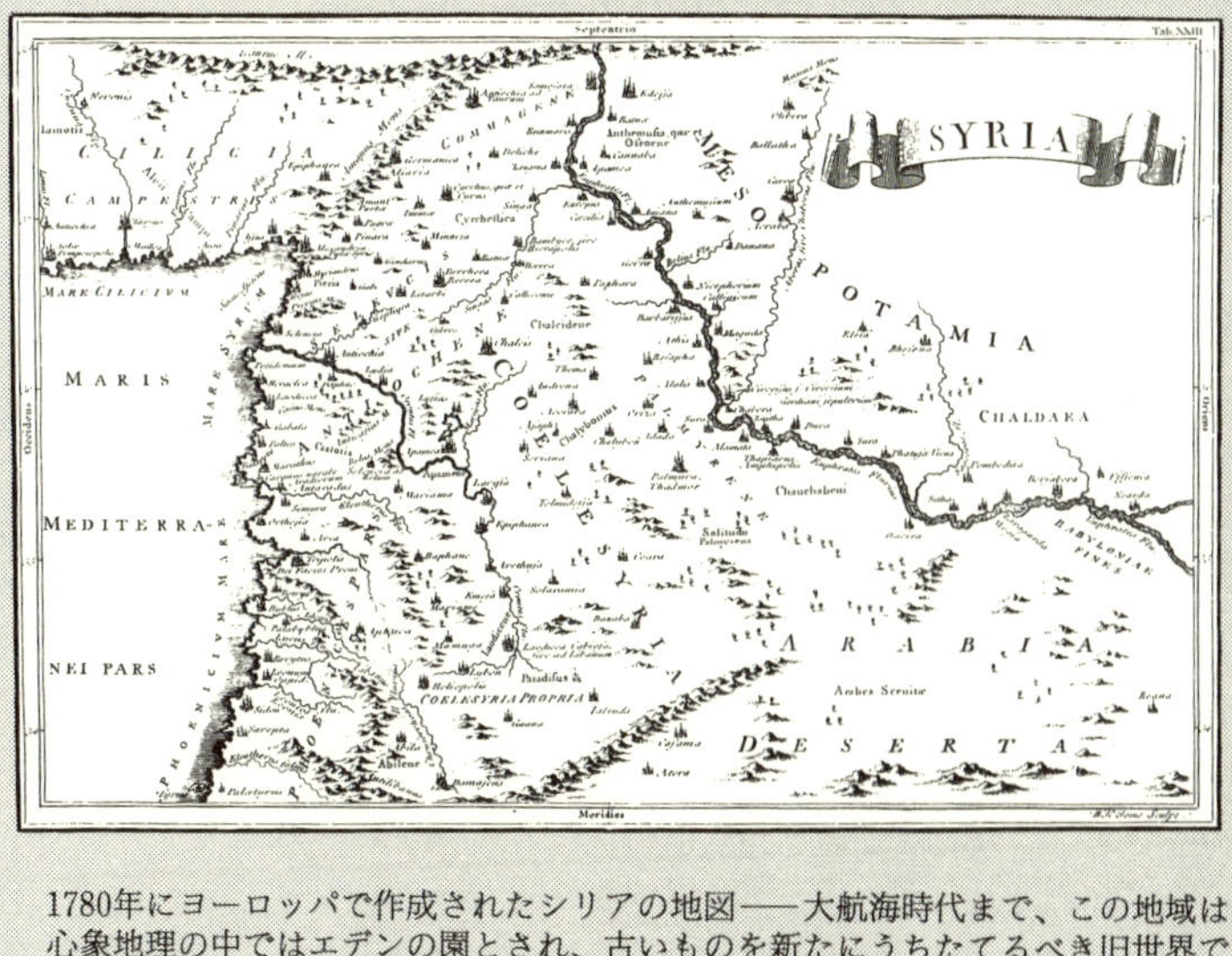

1780年にヨーロッパで作成されたシリアの地図――大航海時代まで、この地域は心象地理の中ではエデンの園とされ、古いものを新たにうちたてるべき旧世界であった。この地図も作法、地名等その頃の古い伝統を継承している。

アレッポとの交易諸都市
ジェノヴァ
ヴェニス
イスタンブール
モースル
アレッポ
バグダード
ダマスカス
アレクサンドリア
カイロ
バスラ
テヘラン
イスファハーン
メルヴ
ブハーラ
サマルカンド
メッカ
アデン
マスカット
カルカッタ
北京
マラッカ

最古の交易都市アレッポ

既に述べた様に、スークという主題に関しては未だに定説がない。それについての示唆的な観察、奥深い分析という点でも、若干の優れた研究を除いてはまだまだ十分とはいえない。このような状況において有効なのは、地域研究の特質を生かした現地調査をおいて他にないであろう。そこで筆者は躊らうことなくシリアのアレッポを選ぶことにした。中東世界でも最も美しいスークを持ち、古い伝統的なものが保たれていることでも有名なアレッポには、筆者も二十数年前に初めて訪れているが、その時の感銘はそれ以来忘れ去ることのできないものであった。中央に小高くそびえる丘の上に築かれた難攻不落の城塞、その麓に広がるスークの格調高い美しさに魅了されているのは、筆者ばかりではない。同じ調査を行うならば、古今東西の旅行家に深い感銘を与えている最高の場所を選ぶに越したことはあるまい。

地中海の東に広がるシリアの北西にあるアレッポは、古来肥沃な三日月地帯と呼ばれる地域の心臓部に位置し、有史以来遠隔貿易の中心地たり続けてきた。現在のシリア共和国においてダマスカスに次ぐ第二の都市である英語読みの〈アレッポ〉は、アラビア語ではハラブと呼ばれている。考古学的な研究等から、この都市の交易の歴史が紀元前三千年以上に遡ることが明らかにされているが、その名が最初に記録に残されているのは紀元前二十世紀の文献であるといわれている。その時点においてすでに長い歴史を誇る町として知られていたようであるが、それ以来現在に至るまで都市としての重要な機能を果たし続けている点で、研究者により名実ともに世界最古の都市と評価されている。

時代が下がって十二世紀初頭に、スペインからメッカ巡礼に旅立った有名な旅行家イブン・ジュバイル（六五頁の注参照）はこの地を訪れており、帰国後著した旅行記の中で〈ハラブ〉の語源について次のような故事を伝えている。それによれば預言者アブラハムは、羊の群を率いてしばしばこの丘を訪れた。彼はこの丘で羊の乳をしぼり、それを施しとして皆に分け与えることを常としていた。その時以来この丘が、アラビア語で〈乳〉を意味する〈ハラブ〉と呼ばれるようになったということである。

ここで簡単に、世界最古の都市といわれているアレッポの数千年にわたる歴史を、駆け足で振り返ってみることにしよう。紀元前二五三〇年に始まったアッカド王国、ついで前二十世紀頃興ったヤムハド王国の治下で、アレッポは隆盛を誇ったが、ヒッタイトに占領されて以降、アラム、アッシリア、ペルシャによる占領、支配を受けることにより、この都は一介の村落と変わらぬほど荒廃し、衰退しきってしまった。この都が再び繁栄を取り戻すのはアレクサンダー大王の征服を待ってからのことである。前六四年にこの都はギリシャの支配を経てローマの一属州となり、以後長らく平和の時代を迎える。この間に見事な市場の建設が進められ、ビザンツの時代まで続く活発な経済活動が営まれた。

アレッポの歴代支配（年号は西暦）

紀元前2530年，アッカドの支配始まる。

紀元前2000年から1500年にかけて，アレッポはヤムハド王国の首都として政治的かつ商業的に絶大な影響力を持つ。

紀元前1500年頃にヒッタイトが台頭し，アレッポを併合，首都としての地位を失うが，依然として輝かしい文化的役割を演じ続ける。

紀元前1000年紀初頭，アレッポはアラムの支配下に入る。文化的，宗教的中心地としてその重要性を保持。

紀元前1200年紀，アッシリアの支配。

紀元前605—538年，カルディア（ネオ・バビロニア）の支配。

紀元前538—333年，ペルシャ・アケメネス朝の支配。

紀元前333年，マケドニア（ギリシャ）のアレクサンダー大王（紀元前356—323年）により征服さる。

アレクサンダー大王の死後，アレッポはその将軍セレウコ・ニカトールにより掌握される。以後セレウコス朝の支配。

前64年アレッポ，ローマの一属州となる。

西ローマ帝国崩壊後，東ローマ帝国，ビザンツに併合されたアレッポは，重要かつ先進的中心地の一つとなる。450年，ビザンツ皇帝はアレッポにその司令部を置く。

636年，ヤルムークの戦勝の後，アブー・ウバイダ・イブン・アル゠ジャッラーフ指揮のイスラーム軍，アレッポに入城。

661年，ダマスカスを首都とするウマイヤ朝興る。

750年，ウマイヤ朝滅亡，バグダードを首都とするアッバース朝興る。

870年，カイロを首都とするトゥールーン朝の支配下に入る。

899年，アッバース朝，奪回。

936年，イフシードの統治。

944年，ハムダーン朝の支配下に入る。

1017年，ファーティマ朝の支配下に入る。

1024年，ミルダース朝の支配下に入る。

1084年，セルジューク朝の支配下に入る。

1127年，ザンキー朝の支配下に入る。

1183年，アイユーブ朝，サラーフッ゠ディーンの統治。

1260年，フラグ率いるモンゴル軍による攻略。

1262年，マムルーク朝の名将バイバルス，モンゴル軍を撃退。マムルーク朝の支配下に入る。

1516年，ビザンツの首都コンスタンチノープルを攻略し，東ローマ帝国を滅亡（1453年）させて，そこを首都としたオスマーン朝の支配下に入る。

1918年，ファイサル（1885—1933）〔ムハンマドの後裔。のちイラク王（1921—1933）〕，シリア掌握。同時に英・仏秘密協定による英軍のアレッポ占領。

1920年，仏委任統治開始。

1946年，シリア独立。

1963年，バアス党政権獲得。

1970年，バアス党，アサド政権誕生。

しかし文化的洗練をもって鳴るアレッポがその雅名を四海に轟かせるのは、なんといってもイスラームの登場以降のことである。七世紀の前半にアラビア半島の一角で布教が開始されて以来、この新しい教えは爆発的な勢いで周囲に広がっていった。アラビア半島全域をまとめ上げたこの新勢力は、そのエネルギーを先ずシリア攻略に向ける。六三六年にヤルムーク*でビザンツの大軍を撃破したイスラーム勢はその後北上を続け、同年のうちに大きな抵抗を受けることなくアレッポを手中にしている。占領に際しては城塞の保存、教会ならびに家屋の所有権の保証等を明記した和平協定が結ばれている。

* ヤルムーク　現在のヨルダン領。六三六年に新興のイスラーム勢は、ヤルムーク河畔においてビザンツの大軍と決戦し大勝を収めた。ビザンツ帝国のシリア支配に終止符を打ち、その地に支配を確立する節目となる歴史的戦いの行われた場所。

しかし正統四代カリフの時代、それに次ぐダマスカスを首都とするウマイヤ朝、バグダードを首都とするアッバース朝の時代を通じてアレッポは、政治的にも、行政的にもさして重要性を持たない一地方都市に過ぎなかった。その後エジプトに本拠をおくトゥールーン朝、次いでイフシード朝に併合されたり、過激派として知られるカルマット派による包囲を経験したりした後、九四四年にこの町はサイフッ＝ダウラ*の支配下に入る。サイフッ＝ダウラはここを彼の王朝であるハムダーン朝の首都と定めたが、これによりアレッポは歴史上初めて、一国の首都として装い新たに登場することになる。

* サイフッ＝ダウラ（在位九九一－一〇〇一）　北イラク、シリアを団結させた小王朝ハムダーン朝三代目の君主で、その名は〈王朝の剣〉の意。彼は度重なるビザンツ勢との戦いに勇名を馳せ、その宮廷は後代に名を残す文人、学者たちを優遇する文芸愛好の気風で知られる。

サイフッ＝ダウラはアレッポに、その歴史の中で小規模ながら最も華麗、絢爛たる隆盛の時期をもたらした。周囲の大勢力の権威が定まらず、その間を縫って成立したハムダーン朝は、東進するキリスト教との戦いに勇名を馳せたが、政治、文化の両面においてアラブ的な要素を濃厚にうちだした王朝として知られている。しかしこの小王朝はエジプトに居を定めた強力なファーティマ朝の標的となり、一〇一五年に占領されている。その後この町は再び短い期間ベドゥイン出身のミルダース朝の支配下に入るが、すぐに中央アジアに起こったトルコ系の新興勢力セルジューク朝に占領され、この新王朝の数多い地方都市の一つという地位に留まっている。

セルジューク朝の力も内紛により弱体化し、一一〇〇年、一一〇三年とアレッポはビザンツの大軍によって大規模な攻略を受けている。このような危機を切り抜けるのに貢献したのは、セルジューク朝の家臣にあたり実権を手にしたヌールッ＝ディーン・ザンキー[*1]である。この英明な君主と、そのかつての家臣であり、その死後に頭角を現して十字軍の戦いで勇名を馳せたサラディンこと、サラーフッ＝ディーン[*2]の設立したアイユーブ朝の時代に、アレッポはハムダーン朝の時代に比せられる隆盛期を迎える。この時代の為政者たちは城塞、防壁の補修、大モ

イスラーム王朝略図

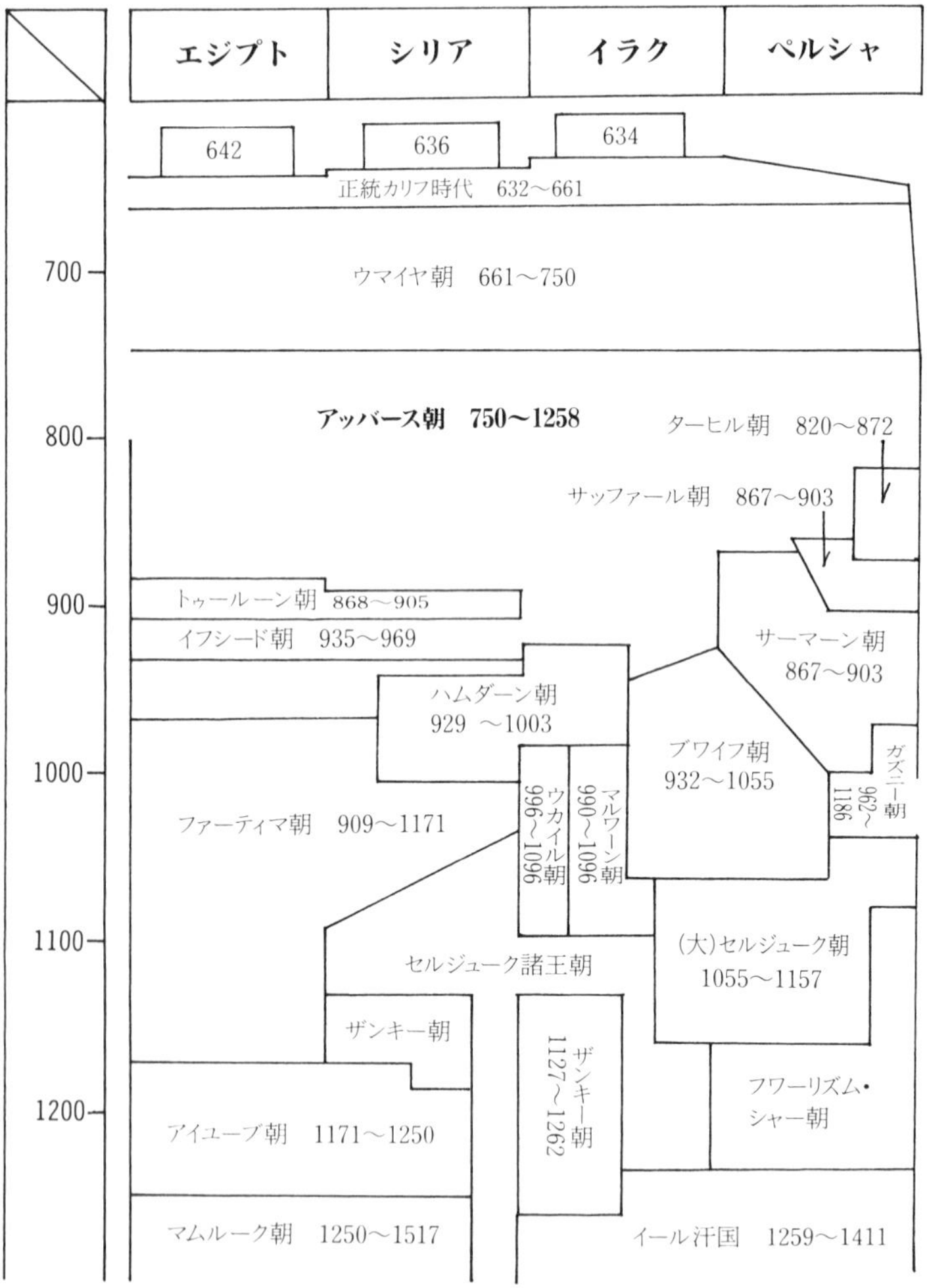
エジプト
シリア
イラク
ペルシャ
642
636
634
正統カリフ時代　632～661
700
ウマイヤ朝　661～750
800
アッバース朝　750～1258
ターヒル朝　820～872
サッファール朝　867～903
900
トゥールーン朝　868～905
イフシード朝　935～969
サーマーン朝
867～903
ハムダーン朝
929　～1003
1000
ブワイフ朝
932～1055
ガズニー朝
962～1186
ウカイル朝
996～1096
マルワーン朝
990～1096
ファーティマ朝　909～1171
1100
セルジューク諸王朝
(大)セルジューク朝
1055～1157
ザンキー朝
ザンキー朝
1127～1262
1200
フワーリズム・シャー朝
アイユーブ朝　1171～1250
マムルーク朝　1250～1517
イール汗国　1259～1411

スク、スークの再建、運河の整備等土木建築に力を注ぐ一方、マドラサ（学院）、病院の建設、公の司法聴聞所であるダール＝ル＝アドゥル（公正の家）の開設等文化的事業にも専念している。この王朝は、例えばヴェネチアとの交易等により莫大な利益をあげていたが、その余沢はこの町の文化、社会生活にあまねく還元されたのである。

＊1　ヌールッ＝ディーン・ザンキー（在位一一四六―七三）　イラク、シリアに拠点をおいたザンキー朝二代目の英明な君主。アレッポに居城をおき、十字軍との戦いに勇名を馳せると同時に、多くの学院を建設する等、内政においても歴史に名を残す善政をしいている。

＊2　サラーフッ＝ディーン（一一三八―九三）　西欧ではサラディンの名で知られる勇将。イラクのタクリート生まれのクルドで、当初ヌールッ＝ディーンに仕え、その命によりエジプトに派遣され、その地でファーティマ朝の宰相となった後に実権を確立して独立。その後シリアも領有して十字軍包囲体制を築き、一一八七年にヒッティーンの戦いで十字軍を破り、余勢をかってイェルサレムを奪回。戦いにおいては連戦連勝で、公正を重んじて敵味方を問わず高い評価を受け、領内の振興をはかる一方で自らは清貧に甘んじた名君中の名君。

その後にやってくるのがモンゴルの西進である。一二六〇年にフラグの率いるモンゴル勢はアレッポを陥れ、徹底的な虐殺と破壊を行っている。破竹の勢いのモンゴルの西進に歯止めをかけたのは、マムルーク朝の名将で後にスルターンの座につくバイバルス＊であるが、新たにマムルーク朝の勢力下に入ったアレッポは人口が激減し、活気が途絶え、旧に復するのに一世紀の余を必要としている。

＊　バイバルス（一二二三―七七）　奴隷軍人の興したマムルーク朝五代目の君主。一二六〇年将軍として破竹の勢いで西進するモンゴル軍を撃退し、その後スルターン、クトゥズを殺して自らスルターンの座に着く。その後も十字軍との戦いに名を馳せる。

十六世紀になるといよいよトルコのオスマーン朝が、中東一帯をほとんどその版図に収めるほどの規模で勢力を拡張することになる。一五一六年に無血入城したオスマーン軍の占領により、アレッポは以後四〇〇年以上もこの王朝のウィラーヤ、つまり州都となるのである。この強大な帝国の内部にあって国の内、外の交易の拠点とされたアレッポは、特権的な地位を占めることになる。オスマーン朝の活力が旺盛な間はその勢いに乗り、商圏は広がる一方であった。西側諸国の例を挙げれば、先ずヴェネチアがアレッポに領事館、商館を開き、工場を建設している。続いてフランス、イギリス、オランダがこれを踏襲し、その結果この町は十八世紀の中葉に至るまで、世界的な交易の中心地としての地位を誇っているのである。しかし長らく続いたアレッポのこの繁栄も一七七五年以降は下降線を辿ることになるが、これはアレッポにたいして独占的な地位を保ってきたフランスの産業、海運にかげりが生じてきたためである。同時に世界の経済の潮流がアジア、アメリカとの交易に大きく転換したことも一つの原因として挙げられるであろう。それに追い打ちをかけたのが一八二二年の大地震である。

ただしオスマーン朝の力が衰えた後も、この町は国内貿易の拠点としての地位を保ち、それなりの繁栄を維持することができた。だが一八三二年から四〇年にかけて、シリアはエジプトに占領されて重税に喘ぎ、その後再びオスマーン朝の勢力下に入ることになるが、第一次世界大戦におけるトルコの敗北の結果、現在のシリアは一九二〇年にフランスの委任統治下に組み入れられることになる。それ以降の反仏闘争、一九四六年の独立といった現代史に属する問題はここでは割愛することにしよう。

アレッポの地勢学的意義

数千年に及ぶアレッポの歴史的記述を終え、その交易の歴史について述べるに先立って、ここでは若干の問題整理を行っておく必要があるであろう。

第一に挙げるべきは、アレッポの地勢学的意義であろう。地中海への距離は約八〇キロ、東のユーフラテス川にも同じ距離にあるアレッポは、地勢的にみて一大商業中心地にふさわしい条件を満たしていた。最古の都市の一つに数えられ、しかも今日に至るまで活動と繁栄を誇る都市は、このアレッポのみであるといわれているほどなのである。中心部に要害堅固な城塞をもって治安に備え、周辺に農地、果樹園を擁し、その上歴史的にも特殊な産物を開発し続けたアレッポは、近隣地方のみならず、中東の全域、遠くはヨーロッパ、インド、中国にまで物産を提供すると同時に、これらの地域から運ばれてくる特産品の、中継地としての役割を演じ続けてきた。

ちなみに筆者が研究の対象として、現在のシリアの首都であるダマスカスでなく、あえてこのアレッポを選んだのは、ここがたんなる中継貿易的な商業の中心地であるだけではなく、古来から現在に至るまで地場産業の中心たり続けている点にある。現在ではどちらかといえば国際的通商に重きを置くダマスカスにたいして、アレッポの商、工業を併存させたあり方は、伝統的経済を検討する者にとってはより魅惑的なのである。

考古学的な研究等から、この都市の交易の歴史が紀元前三千年以前に遡ることが明らかにされているが、このアレッポは非常に早い時点から、国際的な交易の中心地としての役割を演じ続けている。有名な絹の道を通って運ばれた初期の交易品として、東からは絹の他に鉄、真鍮、象牙、香水、貴石、その他の奢侈品が、西からはガラス、ブロンズ、パピルス等が挙げられている。そして既に紀元前一一五年には、パルティア[*1]の王と漢王朝の間で、商人や旅人が、安全かつ容易に往来できるよう保証した協定が結ばれていることが知られている。そのために、要所要所に井戸が掘られ、キャラバン・サライ[*2]が設置され、さらに治安の悪い場所を通過するさいには護衛兵が付き添うという措置が講じられていた。ユーフラテス沿いから発掘された古文書によって明らかにされたこのような事実は、既に紀元前期、きわめて頻繁、かつ定期的に絹の道の往来があったことを物語っている。

*1 パルティア　中央アジアから南下した遊牧民が紀元前二八四年に設立した帝国。西暦二二六年に至る五〇〇年の歴史の中で、最盛期には東はインダス川、西はユーフラテス川、北はカフカズ山脈の線、南はペルシャ湾に至る広大な版図を持っていた。前半はセレウコス朝、後半はローマとの戦いに終始するが、最終的にはイラン系のサーサーン朝に滅ぼされている。人種、言語ともにイラン系であったが、文化的には少なくとも初期にはギリシャの影響を強く受けている。

*2 キャラバン・サライ　隊商宿、ホステル、レスト・ハウスを意味するペルシャ語。

ところでわれわれの夢を誘い、果てしない想像力をかきたてる絹の道の行程は、一体どの程度の日数を要した旅であったのであろうか。イスラーム登場の少し前、七世紀初頭の頃、中国のモンゴル国境から現在のタシュケントの近くまでは三か月、そこからブハーラまで一二日、そしてさらにニシャプールから約三〇〇キロの地点にあるメルヴ（イランの東部ホラーサーン州の東端を流れるムルグアーブ川下流のオアシスの中心都市）まで、一〇日を要したという記録が残されている。時代が遥かに下ってサファヴィー朝*の頃になると、イスファハーンから地中海までは六〇日、ペルシャ湾のホルムズまでは三〇日、カスピ海までは二〇日であったといわれている。

＊ サファヴィー朝（一五〇一―一七三六）　イランの王朝。預言者ムハンマドの孫フサインの後裔に当たるイスマーイールが、それまでトルコ、モンゴル、タタールの支配下にあった西アジア地域を、イラン人の結束を促して版図に入れた統一国家。一二イマーム・シーア派を国教とするこの王朝は、しばしばスンニー派のオスマーン朝と事を構えた。学芸、美術擁護の高度な関心によって名高い。

ところでアレッポへは二通りのキャラバン・ルートが存在した。その一つはシリア砂漠の周縁を通るコース、いま一つはシリア砂漠横断コースである。前者のコースは、紀元前八世紀頃シリアやその近辺の砂漠で、ラクダが知られるようになる以前の常道として使われていたが、それ以後になると治安が著しく悪化した時期を除き、後者が主要なキャラバン・ルートとして用いられている。砂漠コースでは、バグダードからアレッポまで四五日という一六一〇年の記録が残されているが、季節、キャラバンの人数や積荷の量等で日数に多少の差がでることはもちろんである。中東でラクダが知られるようになったのは、およそ紀元前千年頃だったといわれ、当時砂漠で最初に使われていたのは二つ瘤ラクダであった。重荷を運ぶアラビア・ラクダと通称されている一つ瘤ラクダがこの地に入ってきたのは、前八世紀初頭より後だということである。

ギリシャ、ローマ時代に「絹の土地」と呼ばれ、絹の道の始点である中国の絹独占は、十一世紀にアンダルシア（スペイン）のアラブが蚕の飼育に成功し、その技術がヨーロッパに伝わるまで続いた。伝説によれば、五世紀のころ中国の皇女がホタン（中国新疆ウイグル自治区の町）の王に嫁いだ折、いくつかの繭を髪の毛の中に隠して持ち出したという話と、いま一つは、五五二年頃、二人のキリスト教修道士が彼らの髭の中に隠して持ち帰ったといわれるが、いずれにせよこれらは現代の産業スパイもどきの逸話ではあるまいか。

イスラーム登場以後の絹の道については、九世紀に書かれた筆者不詳のムスリムの旅行記に、廣東を訪れた記述が初めて見られる。アラブ商人や旅人たちは、中国から絹の白布、刺繍、色物、テンの毛皮、陶器、じゃ香、アロエ、シナモンなどのスパイスや薬草などを仕入れた。またワクワーク（長らく特定されなかった想像上の二つの島。東シナ海とインド洋にあるとされていた）からは、黄金、黒檀を、インドからは白檀、ナツメッグ、丁子、カーダモン、ジャワ胡椒の実、ココナッツ、象、布地、樟脳などを、サランディーブ（セイロン）からはルビー、ダイヤモンド、真珠、水晶等の宝石や金属磨き用の金剛砂などの荷を積んで、絹の道を西を目指して旅の帰路についている。

絹の道の主要幹線沿いの都市もまた、それぞれの特産物で広く知られていた。例えば、サマルカンドは紙と髪油、ブハーラはアストラカンの毛皮（アストラカンは中央アジアの地名。ここの商人がもたらした特殊な羊の毛皮はすぐれた商品価値がある）とベルト、メルヴは胡麻油と香水といった具合である。絹の道を往復する商人や旅人たちは、まず特産物を仕入れて出発し、次の街でそれらを売り、そこでまた特産品を買い入れては、次の宿場へと旅を続けたのである。

ペルシャの詩人サアディー*は、『薔薇園』の中で詠っている。

ペルシャの硫黄を中国で売りたいものだ
あそこでは硫黄は高値で売れるのだから
中国では名陶を求めてビザンツへ運ぼう
ビザンツからはインドへの織物を仕入れ
インドでは鋼鉄を買ってアレッポへ運び
アレッポからは令名高い鏡をイエメンへ
そこでは布地を仕入れてペルシャに帰る
そしてわたしは隠退し小さな店を持とう
みのりある穏やかな余生を過ごすために

＊　サアディー（？―一二九一）　イランのシーラーズ出身。ペルシャ文学における、当代屈指の偉大な詩人の一人。人間の生きざまに対して深い省察を示す詩集『ゴレスターン』（薔薇園）、『ブースターン』（香りの園）等で知られている。

これは単独で世界中に雄飛する、現代の総合商社なみの活動ぶりではあるまいか。各地域、都市の特産物は時代により多少の変化をみせているが、古来より十九世紀後半まで、途絶えることなく各地へ運ばれた。そしてシリアの砂漠ルートは、東西を結ぶ最短距離として世界的に認められていたのである。そこを通過するキャラバンは、ほぼ三千年に及び地中海の東海岸とメソポタミアを往来したし、さらにペルシャ、インド、中国、東南アジアにまで足を伸ばしている。

イスラーム登場以後のアレッポ

七世紀初頭アラビア半島に誕生したイスラームは、瞬く間に政治勢力として周辺地域を統合し、百年足らずの間に西はスペイン、東はインドから中国辺境地帯までその勢力下におく広大な版図を有する大帝国になった。八世紀の終わりには、他に比類をみない広大な地域におよぶ一大統一体を創り上げたのである。正統四代カリフの時代の後登場したウマイヤ朝は、陸路のキャラバン貿易を開花させた。また古代文明の発祥地であるティグリス、ユーフラテスの恩恵に浴しているメソポタミアと、ナイルの豊饒に恵まれたエジプトを結ぶ海路を拡張した。そもそも初期のイスラーム文明の開花は、もっぱら安定した交易圏の確立、域内外でのひと、ものの旺盛な交流に依存していたのである。

シリアを拠点としたウマイヤ朝は百年程で滅び、ついでイラクを本拠地とするアッバース朝に代わることによって、経済力の中心は他地方に移っていく。しかし広大な統一帝国内の旺盛なひと、ものの交流は、国内の諸地域の相対的な底上げに資することとなり、各地に強力な拠点を作り上げていく。強大なアッバース朝は、その初期においてこそ統一を保ちえたが、その後徐々に遠隔地域から小王朝の独立を容認せざるをえない地位に立たされる。これは王朝自体にとってはマイナス要因であるが、翻って考えるならば、それだけ各地に独立の自力が育成されたということもできるであろう。

十字軍時代にシリアは、その東方貿易を急速に拡大し始めた。南メソポタミア経由でインドから多種多様な商品を輸入した。北メソポタミア経由あるいはバグダードを通ってイラン、中央アジアさらに中国東部からの品々が、アレッポやダマスカスにもたらされた。十四世紀末のシリアのスークでは、イランからのゴム、生糸が、中国からの大黄の根、またイランや中国からの上質の敷物、絹や上等の綿で織られた繊細華麗な布地などが取引されていた。

イスラーム時代に入ってからのち十五世紀頃までは、東アジアにおける交易に関してシリアで優位を保ったのはダマスカスであった。その要因としては、第一に、ダマスカスがウマイヤ朝以来政治的に首位を占めていたこと、第二には、ヒジャーズ*に向かうハッジ（大巡礼）の出発地点であったこと、第三に、政局不安定な時代には、ここを経由する紅海ルートは、ユーフラテス・ルートに比べて東方貿易にとってより安全な通行を保証していた点が挙げられる。同時にここはイスラーム世界内で極めて重要なエジプト、アラビア半島への近道でもあった。さらにイラクからのキャラバンの終着地が、ダマスカスであったことなども理由に挙げられよう。

＊ ヒジャーズ　アラビア半島西岸のアカバ湾（ヨルダン南端）からジッダの南の北緯二〇度辺り迄の一帯を指す。乾燥した荒地で、多くはハッラと呼ばれる溶岩の原である。ただし古くからイェメンとシリアを結ぶ通商路に当たり、とりわけメッカは宗教、商業の中心地として現在に至るまで有名である。

有利な地位を誇っていたダマスカスも、十五世紀末にはアレッポにその席を譲ることになる。古来からその名を馳せていたアレッポが、再び首位の座についたのは、このころアレッポが目をみはる程の成長を遂げたことも一因として挙げられるが、何よりも長い歴史が刻印をしるしたこの都市の固有の実力を忘れてはなるまい。ひとともの動きは、単にものの流れとか、ひとの往来の足跡を遺すことに留まらない。この動きの十字路に位置するアレッポは、東と西のそれぞれ異なった文物を交流させ、異なった文明の出会いの架け橋でもあった。われわれは、〝すべての道はローマに通ず〟という諺をよく知っているが、この地域では〝すべての道はアレッポに通ず〟といい慣わされていた。交流はこの都市に、独特の活力を育成してきたのである。

アレッポがその抽んでた地位を誇ったのは、そのスークの大きさと商品の多様さにのみあるのではない。限られたこの地域における行政府としての地位、学問、文芸の座、産業の中心地であったに留まらず、依然として有力な国際貿易都市たりえたことが、次のチャンスを捉える実力を育成していたのである。アレッポの経済活動を活発に展開させ、それを支えたのは、近郊にある港町イスカンダルーン（アレクサンドレッタ）を通しての西方へのルート、バグダード、モースル、バスラ、そこからさらにイラン、インドへと延びる東方ルート、ダマスカス、パレスティナ、エジプト、アラビアへと延びる南方ルートなどを通して行われた交易の緊密な商業関係であった。時勢に応じて交易の多寡はあったものの、活動は絶えることなく行われ続けてきた。

シリアの大都市はすべてシリア砂漠の縁に位置しており、その周辺には比較的広い耕作地が隣接している。これらの都市とは対照的に、海岸都市は海岸線に延びる狭隘な平地しか持たないという悪条件のため、地勢的に砂漠に境を接する都市に劣っている。とりわけ十字軍時代（一〇九五—一二九一）には、港の町々は外部勢力の手に陥れられたこともあり、かつ軍事的にみて食糧の調達が困難なことも相まって、その地位は村落といってもいいほどにまで衰退している。

十字軍に次ぐ時代に登場したマムルーク朝（一二六〇—一五一七）は、ヨーロッパ勢力の侵攻、略奪を恐れて、とりわけ内陸都市を重視した。マムルークの政治的、戦略的な政策により、キャラバンは海岸の町々を巡るというこれまでの動きに終止符を打ち、シリアの内陸都市をその終着地とするようになった。ひとたびキャラバン・ルートが作られると、そこは交易路としてしっかりと定着し、その地位を長らく維持することとなる。内陸の貿易都市が海岸のそれに席を譲るのは、蒸気船の登場を待ってからのことなのである。

既に触れたように十五世紀の終わり頃になると、それまでこの地域において首位の座を占めていたダマスカスに代わって、アレッポが世界的に脚光を浴び始める。その頃ヨーロッパで、中東との交易に携わっていたヴェネチアや他のイタリア諸都市の商人たちが、それまでとは異なった商品を求めはじめた。この時代には、それまで何世紀にもわたり主要な貿易品であった絹布、絨毯、ガラス、鋼鉄などの他に、新たにアレッポやダマスカスに運ばれてくる東方のスパイスが加えられるようになった。さらにヨーロッパにおける手工業、産業の発展に伴い、ヨーロッパ製品が増産されるようになったため、原料の需要が増加し始めたのである。その結果ヨーロッパの関心は、とりわけ絹と綿といった原料に移行していったのである。ヨーロッパで進行した消費パターンの変化は、商人により多くの産品や原料を求めることとなった。それらを容易に入手しうる商業都市として、アレッポは極めて有利な地位にあったのである。

ダマスカスとは異なり、アレッポはシリア北部の絹、綿などの原料の産地に隣接しているため、たやすく外国からの需要に応えることができた。その上当時のアレッポは、海路への地の利をえていた。一三七五年にアルメニア王国が滅亡すると、アナトリアの東南部は政治的不安定期をむかえたため、治安が著しく悪化した。これにより新たにイランの生糸を、直接モースルとアレッポへ運ぶというキャラバン・ルートの変更が行われた。

オスマーン朝下のアレッポ

一五一六年にオスマーン朝がシリアを支配下におくようになると、アレッポはレバントにおける商業的地位を次第に確固たるものとしていった。それまでダマスカスは伝統的にシリアの首都として歴史的に承認されてきた。しかしオスマーン朝が新しい首府をイスタンブールにおくと、アレッポもダマスカスも一地方都市として同等の立場にたつこととなったのである。そしてオスマーン朝のバグダード攻略（一五三四年）、バスラ併合（一五四九年）等の後、中東の地に平和がもたらされると、アレッポの商業活動はきわめて活発となり、突如としてその市場が拡大された。とりわけバグダードやバスラ経由でインド産のスパイス、藍、綿布などが、ユーフラテス・ルートを自由に北上するようになったため、アレッポはこれらの交易で栄えたのである。

その後広大なオスマーン朝支配が確立され、国内での安全性が高まると、東方ルートの治安も改善され、それをうけてアレッポの商人たちは、それまでより遥かに広範な地域に進出していった。十六世紀末には、アレッポはこれらの地域での商業の大中心地となり、十八世紀の後半に至るまでイスタンブール、カイロに次ぐ第三の都市としての揺るぎない地位を占め続けたのである。ヨーロッパ人の当時の推定によると、この都市の人口は一五九九年には二〇万から二五万人、一六八三年は二九万人、一七五三年は二三万人であったという。十六世紀、この地をも襲ったペストは、猛威を振い人口の激減をもたらした。ただしその後人口は増加して、十七世紀前半にピークを迎えるが、十八世紀には再び減少している。

以上の数字はあくまで推測の域をでていないが、人口の激減については、それを補強する当時の証言が残されている。それによれば、一六八五年のアレッポの人口は一一万五千人、十八世紀末には八万人だと推計されている。ここで興味深いのは、アレッポの人口の増減が、中継貿易の盛衰とほぼ並行している点である。

ところでアレッポ市の東方の近郊には、クルド族、アラブ遊牧民、トルコマーンといった人々が、十六世紀以降に移住して定着するようになり、それぞれが従事していた生業、例えば牧畜、農業等からの生産物を運ぶキャラバンが組織された。アレッポの商品は、年とともに増加の傾向を辿るのである。十七世紀初頭のアレッポのスークでは、遊牧民が運び込む羊、アルカリ、塩、そして近郊からの小麦、綿、葡萄、いちじく、オリーヴ、ピスタチオ、繭等を含む農産物、乳製品、皮革、家畜等の他に、東方から運ばれてきたそれまでのスパイスの他に、カーダモン、丁子、ナツメッグ、メース等が加えられることになった。さらにイランからの貴石、バハレーンやペルシャ湾からの真珠、中国からの薬草、薄手の茶碗や食器、インドからの藍、大黄、最高品のじゃ香、ガーネット、ルビー、サファイア、ダイヤモンドといった宝石類が、ところ狭しと並んでいた。これらの品々は、キャラバンがバスラやバグダードから砂漠を横切ってアレッポのスークに運んできたものである。同じような品物は、ここからダマスカスにも運び込まれシリアでの消費に当てられたが、同時にヨーロッパにまで送り出されていたのである。

オスマーン朝は、十七世紀、十八世紀を通じて経済的、社会的衰退期に入った。しかし王朝が政治的に下降傾向であったことと、アレッポの経済的状況は必ずしも対応していたわけではない。この時期には、さすがに手工芸活動の衰微が伝えられているが、他方農産物の生産と輸出は増大している。（おそらく当時、手工芸から農業産品への転換の時期に当たっていたと考えることが出来よう。）十八世紀は、とりわけアレッポのスークが繁栄をきわめた時期でもあった。

その当時アレッポのスークは、市の中心部に位置していた。縦横にひろがりをもつスークは、商業取引の場、宗教的学問所、行政・司法の座、店舗、キャラバン・サライ、モスク、マドラサ（学院）、公衆浴場等を内包する非居住地区を形成していた。大モスクはスークのほぼ中央にあり、太守の宮殿、大法廷はスークに隣接するような位置を占めており、裁判所支所も二つあった。

近隣地あるいは遠隔地からキャラバンでやってきた商人たちは、運んできた荷をキャラバン・サライの倉庫に入れ、そこで数日の間泊まるのを常とした。キャラバン・サライの造りは、通常大きな中庭を擁し、その周りに倉庫、事務所、宿泊室を配していた（口絵参照）。十八世紀のアレッポには、六一のキャラバン・サライがあり、その内の二〇軒は中央スークに集中しており、二七軒がその近くにあった。

アレッポの中央スークは、三七のスークを包含しており、そこでは輸入品、地場産品が取引された。店先には数々の商品が並び、終日賑わいをみせていた。布地、石鹸、靴、宝石、スパイス、香水、薬、ピン、釘、小銃、中国陶器、ヨーロッパ製時計、卵、チーズなど、商品は広範囲に及んだ。スークでの取引は、卸売と小売が主体であった。中央スークから遠からぬところ、アレッポ城の南東には、五つのスークが、とりわけ鞍、靴、その他の革製品などの品物をそれぞれとりあつかっていた。以上の他に、糖蜜、玉葱、小麦粉、干葡萄といった種々の食料品を専門に扱う六つの卸売市場があり、これらはアレッポ東北に当たるバーンクーサーに位置していた。ここにはまた糸、鶏、ウール、鉄製品を扱うスークもあった。当時バーンクーサーは通常キャラバンの出発地であったため、数多くのスークが集まっていたのである。アレッポの他の地区には、羊を売買するダール＝ル＝ガナムと呼ばれる卸売場など八つのスークがあった。

十八世紀中葉には、アレッポに二五〇以上のモスクがあり、三〇を超えるスーフィー（神秘主義の信奉者）の道場があった。また公衆浴場は、確認されているものが四九あり、その内三二は中央スークの周辺にあった。アレッポの中央スークの周りには、当時市壁がはりめぐらされており、四つの門があったが、市壁外にはバーンクーサーに七つ、北部に七つ、東部に三つの浴場があった。十八世紀末のアレッポの人口が一五万人と推計されていることを考慮すれば、スークの規模、商品の多様性、モスクの数、公衆浴場の多さなどから、アレッポの隆盛、活況のほどが知れよう。

既にヨーロッパ人の手になる一五九八年の記録によると、大キャラバンがアレッポから定期的に毎年二回バスラへ向かっていたことがわかる。またアレッポ―バグダード間は、年二回、ダマスカス―バグダード間は、年一回の大キャラバンが往復していた。この回数は十八世紀まで変わることなく続いている。この恒例のキャラバンは、アレッポ―バスラ間を三〇日から七〇日、またアレッポ―バグダード間を二五日から三六日の行程で移動した。少人数のキャラバンは、もちろんこれより少ない日数の旅程であった。これらのキャラバンが東方から運んできた商品は十八世紀末になると、それまでの物産に加えて紅海のモカ・コーヒー、イラン産のタバコ、桜のパイプ、絹、インド産のモスリン、ショール、バスラで蒸留した薔薇水などを新たにもたらすようになった。シリア砂漠を横断するキャラバンは、アレッポやダマスカスに限らずそのほかの中小都市のスークにも頻繁に訪れている。当時の旅行記の随所にスークの活況の様が描かれているが、何処のスークでも商品の半分は外国産であり、また西や東の国々からやってきた商人で賑わっていた様子がわかる。ところでシリアからの輸出品としては、それまでの穀物、特に小麦粉、刀剣、衣類、油、果物、香水、銅製の鍋等に加え、地場製品の真鍮、銀製の装身具、鏡、ランプ、針、紙、ロープ、ガラス、ビーズ、干いちじく、干葡萄などである。ちなみに十七世紀以降、ダマスカスのダマスコ織り、アレッポの綿布、絹、ピスタチオ、固型石鹸などの外国での需要がきわめて高くなり、これらの製品は、遠くジャワ、マラッカにまで運ばれているのである。

西欧世界との通商の変遷

十七、十八世紀を通じて、イギリスとフランスはアレッポからの輸入を激増させている。アレッポがフランスへ送りだした綿の輸出量を例にとってみると、十八世紀初頭に比べて十八世紀末には六倍以上に増えている。先にもふれたようにヨーロッパでは、国際貿易で十六世紀に主導的役割を果たしていたヴェネチアに代わってオランダが、ついでイギリス、フランスが表舞台に登場した。この結果、ヨーロッパ製品の販売という国際貿易の新しいパターンが誕生した。それまで中東から運ばれてきた製品の消費者としてのヨーロッパは、地場産品を中東の原料と交換するという立場に立ったのである。生糸と木綿糸の輸入は継続されていたが、品質が粗悪なため安物として消費されていた。ヨーロッパと中東の経済的地位の逆転により、アレッポのみならず、中東全域は、原料供給地としての役割を果たすことになり、その国際性に富んだ経済は、次第に不規則で、ばらばらな地域経済の座にすべり落ちることになる。

一八三〇年代に、シリアは一時期ムハンマド・アリー*のエジプト支配下に入るが、この時期にシリア経済は著しい進展を見せている。特にアレッポ近郊の桑の植林が増大しており、また耕作地が拡大し、貿易が伸張した。アレッポの貿易港であるイスカンダルーンは、シリアの他の港がベイルートに押されたにも拘わらず、エジプトの統治下で外国船、とりわけ英国船の利用が著しく増大している。一八四〇年にはエジプトがこの地を撤退して、再びオスマーン朝の支配が戻るが、既にかっての強大な中央権力による統治は影を潜め、中央化されていた制度は消滅した。そのためシリアへのヨーロッパの進出を許し、すっかり明け渡されることになった。

* ムハンマド・アリー（一七六九―一八四九）　オスマーン朝のエジプト大守。後に支配層のマムルーク勢力を一掃して独立し、ムハンマド・アリー朝の創始者となる。ヨーロッパに範をとる近代化政策を推進してエジプトにおける政権を確立するとともに、シリアの統合にも成功する。

アレッポの手工業は、東方全域で名を馳せていた織物、金・銀糸で刺繍を施した絹布、染色した綿布、石鹸などであったが、英仏の進出により、特に織物産業が安価なイギリス産品の導入によって壊滅的打撃を受け、その多くが活動停止に追い込まれた。十九世紀中葉に、英仏をはじめとする外国資本が浸透して、それまでのバーター経済の解体を促した。中東世界では、すでに商品・貨幣経済が発達していたが、資本主義的経済とは一線を画した伝統的経済が、広く行われていたのである。いずれ後に章を改めて詳しく述べるが、それまでは貨幣の自己増殖、資本主義的搾取とは無縁であった。ヨーロッパ諸国による資本主義経済の導入は、労働の細分化を促進し、また製品、産品の特殊化を促した。とりわけ農作物に関しては、換金作物への転化が進行した。例えばシリア北部では、一八三〇年代に綿への作物転換がなされたが、一八四〇年以降になるとエジプト綿にとって代わられたため、穀物への転換を図っている。こうして農業経済も外国資本への依存を増し、外国市場の需要に応じることで、産品の特殊化も変化している。

ヨーロッパにおける生糸の需要は、アレッポの生糸輸出を急増させたが、同時にアレッポの絹製品と絹織物は、壊滅的打撃を受けた。それまでの絹織物の提供者であったアレッポは、逆に原料提供者となったのである。またアレッポの綿織物業も、イギリスから紡績糸を輸入したが、ヨーロッパからキャラコ、ブロードが輸入されてアレッポを初めダマスカスなどの市場に氾濫したため、地場産業は衰退の一途を辿った。ヨーロッパ製品の市場進出は、この地における織物業のみならず、その他の中小産業の没落をもたらしているのである。それに伴いある資料によれば、十九世紀の第二四半期には、アレッポの人口が一五万から八万人に、ダマスカスでは一二万から八万人に激減するという現象がみられる。

オスマーン朝の衰退に伴い種々の税金が手工業製品のみならず農作物にもかけられ、ある記録によれば十九世紀中期には、産品価値の四〇パーセントにものぼる税金がかけられたという。その上ヨーロッパ諸国は、オスマーン朝からえた特権であるキャピチュレーション*により、地場産業より大幅に有利な立場を獲得していた。これらが相まった結果、アレッポを初めとするシリアの産業は、諸外国との競争力を著しくそがれてしまったのである。

* キャピチュレーション　オスマーン帝国のスルターンが、一五三五年にフランス大使に与えた勅令。これは帝国内に住む非ムスリムの保護を明記し、通商、交易の自由、航海の安全を保障し、家屋所有権、自国法による裁判権並びにある種の免税を認めていた。この特典はその後多くの外国人、その関係者に適用され、列強がこれを最大限に利用したため帝国内の治外法権化が進み、内部からの崩壊を促進させた。

オスマーン朝滅亡期には、シリア産業の破壊、農民経済の貧困化、その結果としての肥大化した不在地主の重圧、外国資本による搾取等が、この地域一体を覆っていた。こうした深刻な状況のもとで、新しい生産関係の発展は望むべくもなかったのである。第一次世界大戦での、オスマーン朝の敗北に続いて、大シリアは分断統治、植民地化された。外国支配から脱出し、独立を獲得するには、第二次世界大戦の終了を待たなければならなかったのである。

四百年に及ぶオスマーン朝は、その後半期には徐々に浸透し、食い込んできたヨーロッパの経済的支配に屈し、帝国内での支配の統一性は失われたが、この地で長らく培われた伝統的な経済システムは、現在にまで引き継がれている。世界最古の都市の中で、今日に至るまで栄光を誇り、保持し続けているのは、アレッポを除いて他にないのである。

これまではアレッポを中心に、シリアの簡単な交易の歴史を辿ってみた。そしてさしあたっては絹の道を通って遠くから運ばれてくる異国の珍奇な品物、キャラバンの立ち寄る先で繰り広げられるさまざまな国からの、おびただしい産品を商う当のスークに落ち着くことにしよう。

先にもふれたように、キャラバンの商人たちは長い旅を終えて、無事にキャラバン・サライに到着し、まず旅のほこりを落とす。スークが活況を呈し、繁栄を示すと、当然そこを訪れる商人たちの旅宿や商品の保管所が増設されるが、こうした宿は当時の豊かな権力者や貴顕の士、大商人たちがこぞって寄進するのが常であった。有り余る自分の財産を公共の使途のために捧げることは、イスラームの基本的な教えである。富める者が私財をなげうって公共の目的に用いるために、それを神の所有とするワクフ制度その他、イスラームの法は商行為一般、資産管理、相続の問題等、この地における商業活動の基本的ルールを定めている。歴史的にイスラーム登場後は商業は原則的にイスラームの法に準じて行われてきているが、ほとんど研究の遅れているこの点の説明は、後に折に触れて行うことにする。さらにオスマーン朝以降のスークの活動については紙数の関係上割愛し、以後の叙述に点景としてちりばめるだけにとどめよう。最終的にここでは、長い伝統を持つひとともの旺盛な動きが、権力による上からの支配の貫徹に与えているぶれ、揺らぎの基底となるものを読者に垣間見ていただくだけで足りるのだから。要は絶えず支配の垂直的エネルギーを無化し、あるいは括弧に入れるよう試みる社会的慣性の創造に、歴史と商業がいかに与っているかを暗示することである。

第二章　スークの構成

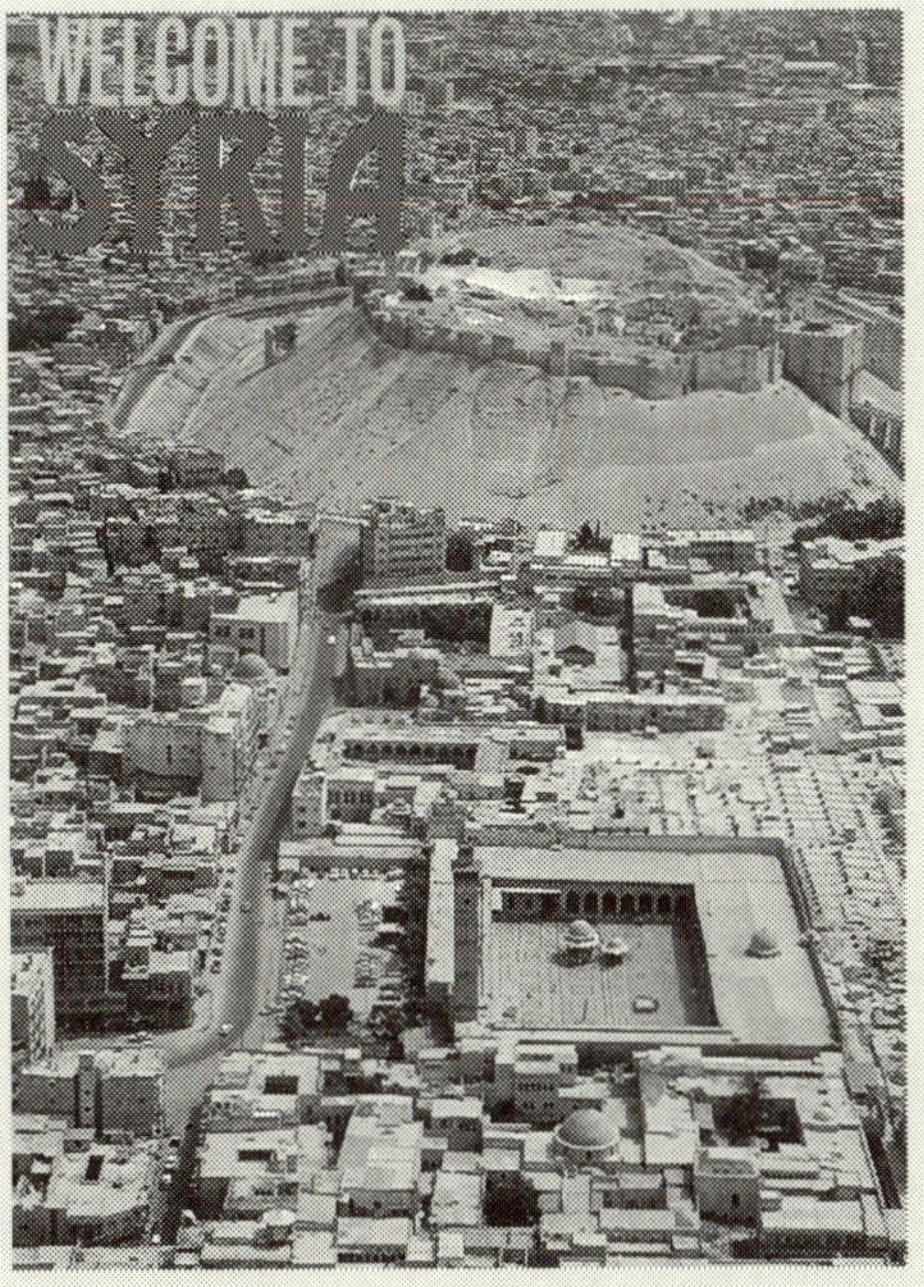

悠久の歴史を持つアレッポ城――その西側に数千軒の店が並ぶスーク・ル＝メディーネが広がる。ランダムに葺かれた煉瓦とトタン屋根の下で逞しい商業活動が行われている。

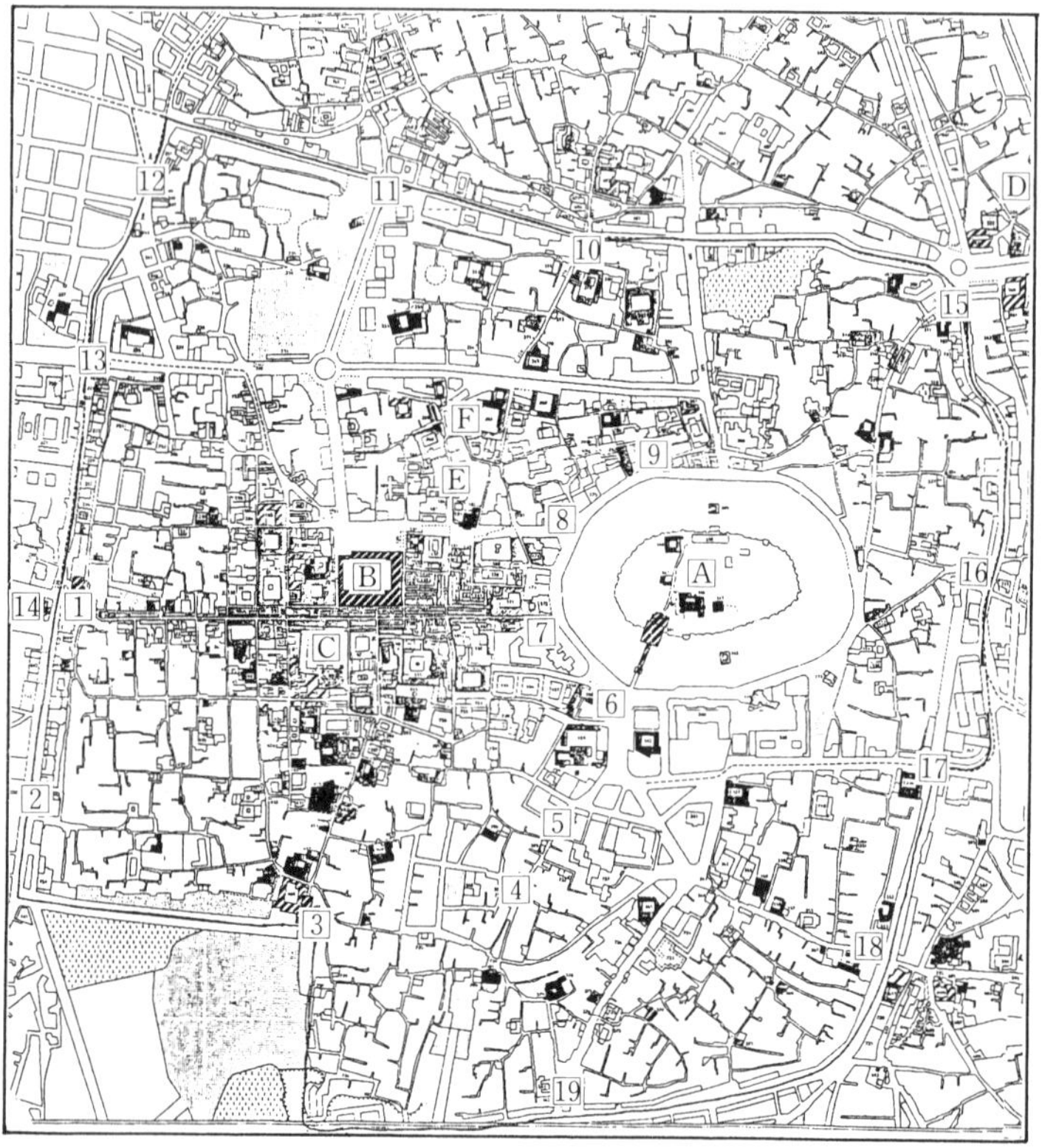

メディーネ(アレッポ旧市街)

0　100　200m

A　アレッポ城(城塞)
B　大モスク
C　ハーン・ジュムルク
D　バーンクーサ
E　スワイカ・アリー
F　ハーン・ハッジ・ムーサー・アアワジュ

1　アンターキーヤ門
2　サアード門
3　キンニスリーン門
4　イラーク門
5　ダール・ル=アドル門
6　サギール門
7　アーフィーヤ門
8　ファラジュ門
9　アルバイーン門
10　ナスル門

11　ファラーディース門
12　ファラジュ門跡時計台
13　ジナーン門
14　サラーマ門
15　ハディード門
16　アフマル門
17　サギール門
18　ニイラブ門
19　マカーム門

1 スークの種類

スークの全体像

アレッポの交易の歴史についての通時的概観を終えて、次にはスークの全体像を概観してみることにしよう。スークを訪れる旅行者の第一印象は、そのおびただしい乱脈さである。市場の賑わいというものは、どこでも印象的なものである。しかしスークの喧噪は、一段と度を越したものである。大声で値段の交渉に時をかけ、雑踏の中でわめき合う買い手と商人たち。喉の奥から勢いよく弾け出るような音の多いアラビア語は、人混みの中でも決してかき消されることはなく、それだけ喧騒は複合的なものになる。

乱雑で無秩序の極みに思われるスークの喧騒は力強い不協和音となって、渦を巻く星雲のように市場そのものを曲がりくねらせ、同時にその回転運動によって観察者の脳髄をかき乱す。曲がりくねった町並み。不統一な店舗の間口、形状。相手により異なる商品の価格。乱雑な流通形態……与えられる情報群からは、およそ解読の体系などを見いだすことは至難の業に思われる。しかしここでひるんでいては、事件は迷宮入りである。

これまでの研究者は、概ねスークを分析するに当たって、出来合の直線的思考の枠組みで裁断することを常としてきた。これほど斜めに、ランダムな姿を取っているものを、固く凝縮した単位性、こわばった直線、縦横縞の空間的囲いで割り切ろうとしたところで、所詮無意味な話である。しかしなにはともあれ分析に当たっては、まず手がかりとなる方法論的拠点を明確にしておかなければならない。そこからの観察により、スークの構造、構成に関する固有の原理が発見されるような、ある拠点の設定が不可欠なのである。

一見して明らかなこの乱脈ぶりを見て、すぐに思い浮かべるのはI・プリゴジンの、『混沌からの秩序』のような著作である。水が一〇〇度で蒸発し、〇度で凍るといった、いわゆる近代的な市場に特権的な状態ばかりを取り扱ってみても始まらない。例えば何十度かで、水の粒子が一斉にランダムな上昇運動を始める、その〈ゆらぎ〉の状態をも、われわれは真剣な観察、考察の対象としなければならないのである。とにかく今われわれが目前にしているのは、ゆらぎそのもの、四角四面の無機的な判断では解読不可能な代物である。

ただし異国からの訪問者にとっては定義し難いこの乱雑な空間とその機能も、地元の人間にとってはむしろアット・ホームなもののようである。そこで先ずは有名な旅行者イブン・ジュバイル*が、一一八四年六月に訪れたアレッポの記述を参照してみることにしよう。

＊ イブン・ジュバイル（一一四五―一二一七） スペインのバレンシアで生まれ、エジプトのアレクサンドリアで歿した学者。イスラーム諸学とアラビア語の詩文に秀で、メッカ巡礼を三度果たしているが、二年三か月に及ぶ最初の巡礼の紀行文は、十字軍時代のイスラーム世界、ノルマン朝下のシチリア等の歴史の貴重な文献資料となっている。

「（アレッポの）町はといえば、家並は軒を連ね、広大なスークは長い通りに隣接しており、その様は壮麗の極みで、世にも希な美しさをたたえている。スークでは、工芸品を商う店々を初めとして、他の品物を扱う店々へと歩みを進めると、ありとあらゆる都市の産品に出会う。これらの市場は、日差しを遮る木製の屋根で覆われており、その美しさは人々の視線を引き付け、急ぎ足で通り過ぎようとする者をも立ち止まらせずにはいない。優雅なみずみずしさをたたえた中庭を擁するカイサーリーヤ（一〇〇頁参照）は、荘厳なたたずまいのモスクと隣合わせに建てられている。

そこに腰を下ろして憩う者は、天国すらこれほどではないかのように、この光景に心魅かれる。ほとんどの店は、卓越した匠の手になる木製の倉庫群の中に位置している。一軒の倉庫は、豪華に彫刻された横木で仕切られており、それぞれ別々の店舗となって通りを形づくっている。その出来ばえは、見事という他はない。そしてそれぞれの通りは、荘厳なモスクの門の一つに連なっている。

この大モスクは最も見事で、美しいモスクの一つである。その大きな中庭は、そこに向かって開かれる多くの扉を持ち、宮殿のように美しい、広々とした大きな柱廊つきの入口に囲まれている。その扉の数は、五〇を超えているが、そこからの眺めはえもいわれぬ素晴らしさである。中庭には、湧き水を満々とたたえた水場が二つある。南の柱廊は枠がないために、壮大な広がりを見せ、眺めも絶妙である。横木に施されている彫刻は、説教壇にまで及び巧みの極みを示している。わたしはどこの都市においても、これほど素晴らしい技をかって眼にしたことがない。木彫はそこからミフラーブ（礼拝の方角を示すくぼみ）まで延び、説教壇を含めてその四方を優美に飾っている。それは偉大な王冠のようにミフラーブの上にまで延び、天井の高さにまで達している。アーチ形のモスクの上部は、優雅な丸みをおび、象牙と黒檀で象嵌されており、木組の飾り細工で仕上げられている。この象嵌細工は、説教壇からミフラーブまで、そこから南の壁面にいたるまで遮られることなく続いている。これはこの世の最も美しい眺めというるであろう。この荘厳なモスクの華麗な風情は、どのような描写も到底及ばぬ程である。

その西側には、この美しい、完璧な姿をしたモスクにそっくりなハナフィー法学派*の学院が建っている。まことにこれらは、肩を並べあう霊廟のごとき美しさをたたえている。これは、建築そのものにおいても、その稀な出来ばえからいっても、われわれがこれまで見た中で最も装飾的な学院の一つである。たわわな葡萄の房をたらす長い葡萄棚沿いに、一、二階に整然と個室の窓が連なる南側は、最も優雅なたたずまいをしている。それぞれの窓の半分は葡萄の房が覆っており、部屋の主は、前かがみになって腕さえ伸ばせば、苦もなくその実を摘み取ることができるであろう。

この都には、この他に四、五の学院と、病院が一つある。都の華麗な様は筆舌に尽くせぬほどであり、カリフの玉座にふさわしい。その壮麗さはすべて都の中に納められているが、それを引き立たせているのは郊外を北から南へと流れる小川、クワイク川である。なぜなら、広大な郊外には数々のハーン（キャラバン・サライ）があるからだ。この小川のほとりには、都に隣接する地点に粉挽所があり、また郊外の中程では小川に沿って庭園が広がっている。都の内、外の有様がどうであれ、アレッポは、他に比類無き都市の一つであり、これを描写するには長文を要するであろう。われわれは、郊外にあるアブッ＝シュクルと呼ばれるハーンに、四日間滞在した。」

＊ ハナフィー法学派　アッバース朝初期に、アブー・ハニーファ（六九九―七六七）が創始したスンニー派四法学派の一つ。クルアーン（コーラン）の次にキヤース（類推）を尊重する思弁的、理論的傾向の強い学派で、その理論的適応性のゆえに非アラブ地域に広がった。

以上は九百年近くも昔のアレッポの記述であるが、この面影は今もって殆ど色あせてはいない。現在ではスークの軒先は傾き、そこかしこに崩れた塀や、穴の開いた道、時の流れにくたびれてはいるがそれだけ一層趣を増した、古色蒼然たる石の門や石畳が、訪れる者をさりげなく迎え入れてくれる。スークに足を踏み入れると、さながら時の流れは突然静止し、そこかしこでの人々の動きすら何世紀も昔のそれのような錯覚にとらわれる。薄暗い路地が縦横に連なり、果てしない迷路のように入り組んでいるスーク。初めての訪問者には、二度と同じ場所に引き帰すことはできないのである。

それにしても両脇に軒を連ねて立ち並ぶ商店、仕事場、そして随所にみられる中庭を持つハーンのたたずまいは、時間、空間が凝縮されたような独特の密度をたたえている。そこでは訪れる者が皆、重厚な舞台であれこれの役割を演ずる俳優さながらに、眼前の光景の中で特別な役割を演じているかのようである。

スークの構造の謎

具体的にスークの構造を分析するに当たって留意すべきは、スークの活動が現在の時点で経済活動全体の中で、どのような地位を占めているかということである。これまで研究者は外国人、シリア人のいかんを問わず、スークの活動を無視するのが常であった。不思議なことに彼らはほとんど、それが無意味であるか、いずれ消滅すべきものとして無視してきたのである。ただしここでは簡単に、大がかりな設問をしておくことにしよう。

アレッポの商業の歴史は、史実に残されているだけでも紀元前三千年に遡る。その中でギリシャ、ローマ時代は紀元前三三三年から紀元六三九年までの約千年である。それ以降はイスラーム時代になるが、この計算が問題である。オスマーン朝の後期から、この地域も西欧世界と緊密な交渉を持つようになるが、経済体制そのものが西欧化したわけではない。その後一九二〇年にフランスの委任統治下に入るが、これによってアレッポの経済がまったく西欧化したなどということはありえないであろう。一九四六年にはシリアが独立し、六三年にバアス社会主義政権が誕生して以降、大幅に社会主義的な経済政策が採られている。ただしそれとて、正統社会主義の観点からすれば大変風がわりな政策なのである。

ここで百歩譲ってイスラーム時代を紀元六三九年から一九二〇年までの約一三〇〇年、それ以後の八〇年を近代化、社会主義化の時代としてみたところで、通常の人間には一三〇〇年のイスラーム時代の伝統は、僅か八〇年の間に完全にかき消されてしまったのか、否かという強い疑問が生ずるのは当然であろう。ただしこのような疑問を追求する研究者には、これまでほとんどお目に掛かることがなかったのである。まともな疑問、推論を以て対象に近づくことが禁じられている学問の領域。中東学は強いオリエンタリズムの影響下にあるが、これはまた大魚を手にする絶好の機会でもあろう。

ここで論旨の関係上、予めフランスのシリア研究のこれまでの傾向について指摘しておく必要があるであろう。アレッポの都市史に関してはフランスの碩学J・ソーヴァジェが、主として建築学的な観点から、フランス考古学の研究成果を十分に駆使した大部の研究書を著している。しかしアレッポ研究に不可欠な参考文献におけるこの碩学の観点は、きわめて簡単、明快なものである。アレッポの都市としての基本的配置は、ギリシャ、ローマ時代に確定されている。都市建設にふさわしい強大な中央集権的権力、明確な計画性ゆえに直線を基本にする都市作りが行われたが、両者を欠いたアラブ・イスラーム時代になると、とりわけ時代が下るにつれて醜くねじ曲げられる結果となった。

このワン・パターンな解釈は、西欧の研究者たちに共通のものであるが、筆者はこのような解釈を受け入れない。歪み、ずれ、ぶれはアラブ・イスラームの社会編成に基本的な積極的要素であり、これに消極的な評価を加えただけでは決してこの世界の真実は開示されえないのである。スークの曲がりは、中東世界の共同体や都市の編成論理と正確に対応しており、政治、経済の諸問題とも密接に関わっている。これに直線的な解釈しか施せないということは、この世界の真実を少しも理解していないことにはならないであろうか。

最後に一つ明確にしておかなければならない問題がある。それは上述の一三〇〇年をアラブの時代ととるか、イスラームの時代ととるかということである。これは大問題で、これだけでも優に一冊の専門書を必要とするが、ここでは簡単に上述のような曲がりを生起させる基本的なものが、イスラーム法であるという理由からイスラーム的であると規定しておくことにする。この一三〇〇年の長きにわたってアラブ法等というものは存在しなかった。現地の住民を律してきたのはイスラーム法であり、商業活動を規制したのもイスラームの商法であった。しかればその法は、長い伝統の中でなにを具体的に残してきたのか、残念なことにこれまでこのように重要な問題に関して見るべき成果は上げられていない。

スークの種類と実勢

ここで先ず、現在のアレッポに存在するスークのおおまかな説明を行ってみよう。もちろんここでも新市街には、世界中どこにでも見うけられるような現代的な店舗が数多く軒を連ねている。西欧型近代化の波は当然シリアの経済活動にも強い影響を与えており、一見したところではこの地域の経済も欧米のそれとなんら変わらないように見える。しかし基底の部分には伝統的な要素が、根強く生き残っているのである。

ただし当面は、それ以外の市場について焦点を当ててみよう。スークの種類は大別して、以下の五つに分けられる。

(1) 一般的スーク（旧市街にある伝統的市場）
(2) スーク・ル＝ハール（政府公認青物市場）
(3) スーク・ル＝ジュムア（定期市）
(4) 季節市（時期の特産品市）
(5) スーク＝ル＝インタージュ（年一度の地場産品市）

われわれの基本的な対象である(1)については、その歴史的な様態、現在の実状を交えて後に詳細に分析することにしよう。

(2)のスーク・ル＝ハールは、とりわけ農産物が政府の指導のもとで、商人たちに一定価格で取引される卸市である。

また順番は異なるが(4)の季節市は、旬の特産品が単品で売買される青空市である。

(5)は、政府後援の国産品の展示、販売の市で、年一回開催される。

そして(3)のスーク・ル＝ジュムアは、毎金曜日に開かれる青空市であり、大方は二流商品、中古品が低廉な価格で売買される。売り手としては専門の業者も参加するが、殆どは素人である。これは要するに蚤の市で、錆び付いたバイク、中古の時計、ラジオ、壊れかけた椅子や、机から家畜、野菜、卵に至るまであらゆるものが露天に並ぶ。ここではしばしば不法輸入品も売買されるが、人々にとっての必需品である場合には、警官も見て見ぬ振りをしており、決して厳しい取締りの対象となってはいない。資力もなく、低開発に喘ぐ国々において、必需品を廉価で庶民に供給するためには、闇物資もそれなりに、重要な経済的役割を担っているのである。

ちなみにジュムアとは、アラビア語で金曜日をさす。金曜日にはムスリムやムスリム商人がここで市を開き、日曜日には出店者が代わって、主としてキリスト教徒や、その商人たちがここで店を出している。したがって正確には、金曜と、日曜に市が開かれているのである。

ところでここに列記したさまざまな商業形態を、(A)フォーマル、(B)インフォーマルな経済という観点から区分してみることにしよう。通常数量的に計算が可能であり、公的な経済計画にも算入されうるような経済活動の部分をフォーマル部門と呼び、それ以外の経済活動をインフォーマルな部分であるとするならば、上述のような市場における活動は、どのように分類されるであろうか。

新市街に数多く見かけられる商店（これも上辺と中身は大違いで簡単にこのような区分けを行うことはできないが）、ならびに(2)と(5)は、一応フォーマルなものといいうるであろう。そしてそれ以外のものは、概ねインフォーマル、ないしはインフォーマル的なものとみなしうる。ところで現在問題なのはこのインフォーマル部門なのである。

東南アジアでも、南米でも、第三世界においては資本主義の〈陰〉の部分として、さまざまなかたちで二流品、中古品、闇取引と関わるインフォーマルな部分が占める比率は予想以上に高い。経済的に規格レヴェル、つまり〈陽〉の水準に手を及ぼしえない者たちが、足を踏み入れざるをえない部分がインフォーマル部門なのである。この部分は極めてしばしば、フォーマルな部分の反映、裏側の影といったかたちで姿を現す。アレッポの例でいうならば、これは(3)の定期市の経済活動がこれに当たるであろう。

ただし長らく伝統的な商業で栄えたシリアのアレッポのような町では、とりわけその古い商業区、伝統的なスークにおいて、依然として古式豊かな、特別な商業形態をとった経済活動が行われているのである。現在ではそこにもフォーマルな要素が強く浸透しかかっているが、しかしインフォーマルな要素は未だに健在なのである。かつて伝統的にフォーマルな位置にあり、今はその座を現代的経済活動により追われたこの経済は、その本性、機能において、資本主義的経済の陰に当たるような、インフォーマルな経済活動とは根本的に質を異にしている。そのような観点に立つならば、さしあたり(B)を二分割して(B1)、(B2)としてそのいずれかをこれに当てるか、この伝統経済のために特別に(C)という柱を設ける必要があるであろう。ただしアレッポの場合におけるこの部分の重要性を考慮するならば、むしろ(B)をこの部分に当て、(C)を通常のインフォーマルな部分に当てるのが妥当であろう。

以上のような区分けからすれば、結果として以下のような答えが得られる。

(A) フォーマル・セクター
(B) 伝統的セクター
(C) インフォーマル・セクター

ところで現在のアレッポにおける、伝統的セクターの占める比重については、もちろんそれを正確に示す公式的なデータは存在しない。しかしここの商工会議所が政府に提出している商人数のデータから、そのおよその姿を算出することは可能である。まずはアレッポにおける商業活動の、公的セクターと私的セクターとの比率を求めてみよう。正確なデータが存在しない、あるいは存在しえないのであるから、われわれは外辺と、内辺から、円周率を確定していくようなかたちで解を求める以外にない。

商業会議所には、一般の商人、とりわけ外国との取引を望む商人が参加し、名前を登録しているが、その内容は大変印象的である。ここではメンバーは、特級、一級、二級、三級、四級の、合計五階級に分けられている。尋ねてみると特級は公的セクターに属するものであり、それ以外はすべて私的セクターである。そして一九九三年八月の最新のデータによれば、その実数は以下の通りである。

特級	二八	公的セクター（二八）
一級	二一七	私的セクター（一四、七六三）
二級	四六六	
三級	四、〇一〇	
四級	一〇、〇七〇	

この数に関する限り、会議所会頭の署名入りで年に一度中央政府に報告されるため、きわめて正確である。残念なのはそれ以上誰に訊いても、例えば個々の企業単位の労働者数といった実勢が、故意か、実際かはいざしらず、不明ということで教えて貰えないことである。しかし公営の特級企業の多くが千人を出ることがなく、他方外国との直接の貿易を行わない限り商人たちは会議所に登録しないとなると、およその見当がついてくる。物知りの人間に尋ねてみると、国内で商品を仕入れ、国内で売り捌いている分には余計なことは必要がないため、商人のうち二人か、三人に一人は未登録であるというのである。私的セクターに参加する人数は、二倍か、三倍にしなければならない。

さらに驚きを禁じえないのは、会員の一級から四級までの区別である。自分自身でも商売も行っている会議所の有能な事務官にこの点を尋ねると、〈個々の商人の資本のおよその額、人間的徳性、商売の経験、脱税等の商道徳に反する行為の有無等〉を基準として、会議所内の特定メンバーが査定を行うというのである。ところで貴方自身は何級の商人かと訊いてみると、彼は不服そうに顔をしかめてこう答えた。「自分は四級にしか評価されなかったが、それでも構わない。余分な税金など払いたくないから。」

それならば無機的な資本総額、取引高といった数字だけでなされていないこの格付けは、いったいなにを意味しているのであろうか。同じ事務官は、この格付けはまったく無意味で、商売とはなんの関係もないともいっている。実際のところ個々の店舗に赴き、調査を行ってみれば明らかなことだが、商人たちは使用人が何人いるか、総売上げがいくらかなどという具体的な運営規模などがまことに摑み難いような流儀で、仕事を行っているのである。三級も四級も、上辺だけではなんの相違もなく、この区分けはなんらかの慣習的なものなのであろう。

話は脇道にそれたが、セクター別の労働者数に関する正確な資料が存在しないとなれば、既存のデータを元になんらかの推測を行わざるをえない。（ある友人のいうところによれば、この種の統計を取ることは禁じられているということである。）ところで各公的企業の労働者数をかなり割り増しして一〇〇〇人とし、一級の商人が使用人ゼロということは考えられないが、例えばこれをゼロと割り引きし、未登録者を登録者の二倍と仮定して、上述のデータを検討してみよう。

公的セクター　28×1,000＝28,000人

私的セクター　14,763×２＝29,526人

語呂合わせ風に近似値を求めたようで申し訳ないが、かなり私的セクターを控え目に見積った計算でも、商業活動に従事する人間の数は両者ほぼ互角といえるのである。

以上のような分析に、もう少し意地の悪い要素を付加してみることにしよう。現在シリアでは、多くの社会主義国、途上国にみられるように公的セクターは不振をきわめ、低賃金とインフレのために労働者は生活難からほとんどが第二、第三の仕事についている。それでも彼らがなんとか副業を見いだしているのは、豊かなアレッポのなせる業であろう。二八、〇〇〇人の半分が、給料の半分を副業で稼ぎ出したと仮定すれば、その労働量は七、〇〇〇人分に当たる。そのうちの何人が、商業と関わっているか等ということは、所詮調査不可能なことではあるが。しかしこのような仮定を、工業関係者の場合と結びつけてみれば、結局はほとんどの部分がスークの活動と、直接、間接的に密接に関わっていることが明らかである。煩雑を避けるためここでは工業会議所の例は引かないが、その場合も商業会議所の例と大差はないのである。

私的セクターの中で、どれ程が(B)の伝統的経済に属し、(C)にあたるいわゆるインフォーマル・セクターはどれ程かといった明細を数量的に把握することは当然難しい。後者はいわゆる闇経済を含むが、この領域でのレバノン、シリア商人のしたたかさは、中東世界では「シリア

商人一人にユダヤ人十人」と云われ、わが国でも〈レバシリ商人〉という表現が知られているように、名うてのものである。緩やかな監視の目をくぐって、隣接する諸国の国境から密輸される商品は、あちこちの商店で半ば公然と販売されている。政府の側も、これらの密輸品が欠乏しがちな民衆の必需品を提供することに一定の役割を果たしていることから、特定の商品、眼に余る場合を除いて、大目にみているのが実状である。ただしこのような闇物資にまつわる経済活動が、伝統経済との対比において、これほど多くの人間に職を提供し、例えば三分の一もの率に相当するとは考えられない。

インフォーマル・セクターの特殊性

フォーマル・セクターとインフォーマル・セクターの区別には、さまざまな定義が存在するであろう。ここでは公権力、具体的には国家が実状を計りうる経済活動と、それ以外のものといった尺度を適用することにしよう。その場合に指標となるのは、税金の額、それが信用のおけない場合には課税の方法である。ところでアレッポのケースでは、それが確定されうるのはまず公営企業の場合と、税関を通過した各企業体の海外との取引高である。私的セクターの場合には、年間収益の総額が二〇万シリア・ポンド以上の企業にたいしては、会計監査が行われ、それに基づいて課税が行われる。ちなみにその課税率は、最近まで九三パーセントに及んでいたため、企業者は鋭意、二重帳簿の作成に血道をあげている。

それ以外の企業は、申請に基づき課税が行われるだけである。これらの場合には、最終的に収益の三、ないし一パーセントの課税が行われるとのことである。誰がどれ程の税金の支払いをしているかは、まことに調査が難しいところであるが、総合的に調査を行った一商区では、帳簿による課税は、二一軒の店舗のうち僅か一軒に過ぎなかった。脱税行為があれば、数年間税務署の検閲を受け続けることになるといわれているが、ほとんどの商店は取引が規定以下であったり、二重帳簿で逃げきっている。

端的にいって個々の商人は、課税者の立場からすれば、公権力に所得の内容を知られないように秘術を尽くしているかに見えるが、同時にそれこそスーク経済の一つの特色ともいえるのである。そもそも取引の形態自体が、後に検討するように、課税の対象となり難い特徴を持っているのである。商人たちは、「千夜一夜」の商店さながらに、他人の〈呪いの目〉を避けて大きな店を持ちたがらない。いささか大げさに云えば、入口はみすぼらしいが奥の扉を一枚開ければ中は金銀財宝で満ち満ちているというのが、およその店の一般的な傾向なのである。後に商業形態の分析で指摘するように、一人一人の商業活動は、まさに公権力が把握し難いようなランダム性に溢れている。

ここで例えば収益が規定に達しない、つまり税務署による会計検査の必要がない、私的セクターの零細(?)商人たちにたいする、課税の方法を検討してみることにしよう。彼らにたいする課税は、政府から一人、商人から一人、商業会議所から一人を選出して三人からなる委員会を作り、自己申告額を基にこの委員会が税額を決定するという仕組みになっている。これまでの説明から、この決定が厳密な経理上の審査に基づくものでないことは、容易に想像可能であろう。この査定が、上述の商人の格付けと関連しているかと尋ねてみると、そのようなことはまったく関係がないという答えが返ってきた。そうはいっても商人たちのこの格付けは、先に指摘した例、「つまり格付けなどはどうでもよい、税金など余計に払いたくないから」といった発言に見られるように、若干税額の査定に関連しているのであろう。それにしてもこの関連は、ランクが上だとそれだけ担当者に目につけられ易い、という域を出ないもののように思われる。

いかにもどんぶり勘定のようで、これは余りにもひどいなどと思っていると、そのようなデジタル思考の頭を殴りつけるような一撃に出会う。アレッポの街中では、よく技術者のニカーバ（協同組合）、弁護士のニカーバといった建物の看板が目につく。バアス党がこのような組織を積極的に応援し、その見返りに自分たちへの支持を取り付けているのであろうと想像していたが、実はこれらの組織でも商業会議所のように、税金の査定を行っているとのことなのである。傘下のメンバーの経済状態については、既に述べたように公的には把握が難しい。だが仲間内の者は、友人たちの景気がどの程度であるかを一番良く知っている。そこでニカーバの役員が、仲間の税金の査定をする仕組みになっているのである。

そこで思い出されるのが、A・ラーフィクのオスマーン朝における同業者組合の研究である。中東世界にはこのような組合が存在したか、しないか。存在したとすればどのような形態で、どのような社会的役割を果たしていたか。研究者の間では、活発に議論がなされている問題であるが、この業績は裁判所の記録を用いて、過去の社会状態の復元を試みた画期的な研究である。それによれば、十七世紀から十九世紀にかけて、オスマーン朝の支配下では、ダマスカスとアレッポには、実に一六三種もの同業者組合が存在したということなのである。オスマーン朝の場合は、統治の形態がそれより以前の、とりわけアラブ主導型の支配とは若干異なるが、それにしてもこの研究は大変に示唆的なものを含んでいる。

これらの同業者組合はターイファと呼ばれるが、例えば染色業者では赤を染める同業者組合、青を染める同業者組合といった具合いで、組織は驚くほど細かに分化されている。ターイファにはそれぞれシェイフと呼ばれる長が任命され、彼が二、三の他の役職者とともに組合員の生活に関わる事柄の面倒を見るのである。社会的にはこのシェイフは、中央から任命されてくる太守と一般組合員の間に立ち、上からの命令を下で処理する一方、下からの要求を上に反映させる役まわりである。ところで彼の主要な任務の一つが、この税金の割振りなのである。

オスマーン朝は、このような職業単位のグループ分けだけではなく、地域別、宗派別の区分を行い、それらを巧みに織り混ぜて徴税のみでなく社会的、経済的問題に対処してきたのである。ここで重要なことは、課税が近代国家におけるような数的実勢に依存するものではなく、上からの要求に答える請負型という点である。ところで現在のシリアにおける課税方式も、実質的にはオスマーン朝の方式を踏襲したものといいうるであろう。ここで明らかなのは公権力、政府が、初めから個人の経済活動の正確な把握を断念していることである。お上は、インフォーマル・セクターを監視することも、制限することもある程度以上不可能であり、そもそもその意志を持ってもいないのである。

このような背景を考慮に入れて分析を進めると、政府の求める額だけがフォーマルなもので、それ以外はインフォーマルということにもなり兼ねないが、それはわれわれの求めている解ではない。重要な点は、課税方式もデジタル的でなく、アナログ型で、計量可能性に即した近代国民経済的なものではないということなのである。

ここで読者は、シリアという国も第三世界の例に洩れず、かなり遅れた国であるという印象をもたれるであろう。ただし以上は実態を観察するにあたっての外側からの分析であり、内側からのそれではない。単線論的理解にたいする反証は、第三章以後のスークの検討において徐々に行うことにするが、先回りをして重要なヒントを提示しておくとすれば、国内商業の卸売のほとんどが(B)の部分で行われており、この点を考慮に入れるならば伝統的経済、つまりスーク経済の力がいかばかりであるかは予測に難くあるまい。ここではとりあえずインフォーマル・セクターの力強さについて、明瞭な証拠を挙げておくことにしよう。

ソ連、東欧圏の経済的崩壊後、これまで社会主義路線を取り続けてきたアサド政権も、九二年に特別な私的セクター奨励の政令を公布している。〈政令一〇号〉という法令であるが、このような風潮をいち早く察知して、民衆は隠していた壺の中の資金を外に投資し始めた。その端的な現れが、主要各都市における、建築ラッシュである。都市の郊外の土地の値段は、この一年で二倍にはね上がったといわれているが、未だに未完成の巨大な住宅建築群が空を切って屹立するさまは、まさに壮観である。これらはほとんど、長らく貧困に喘ぎ続けてきた国家の、貧しいとされる民衆の懐、ないしは外地に分散された財でまかなわれているのである。国家の監視しえぬ労働力、財の比率はこれほどに巨大なのである。これを完全に無視した経済分析、開発計画が、如何に杜撰なものであるかは、敢えて述べるまでもあるまい。

2 アレッポのスーク、メディーネ

旧市街メディーネの諸門

何千年もの間絶えることなく賑わいをみせてきた中東屈指の市場は、要害堅固なアレッポ城の濠割を隔てて、そこから西の方角に向かって広がっている。現在は破損も目だつが、高い石壁に囲まれた広い一帯が、われわれの目指す有名なアレッポの中央スークである。土地の人々はここを、旧市街という意味で、〈メディーネ〉と呼んでいる。メディーネとは、アラビア語で都市、町を意味するマディーナのなまりであるが、この言葉を独特のアクセントで発音する際のアレッポの人々の語気には、それにたいする強い誇りと、愛着がうかがわれる。

アレッポのスークは長い年月を経て次第に拡張され、現在の姿を取るようになったが、城の西へ延びるこのスークを中心に、アレッポの町自体も広がっていき、かってはその全体をおおうように市壁が巡らされ、さらにはその外側に濠割が掘られていた。アレッポ城の西にまっすぐに伸びるスークは、その中でも最も古く、紀元前にまで遡る市場である。それは中世以降、ここを基幹線として徐々に南北に広がっていった。そして人口の増加とともに、町自体もこの囲いの外に、四方に拡張されていったのである。本書の目的は、現在のアレッポ市の全体を記述することではないので、ここで市壁、それに付された市門について略述しながら、旧市街の説明をすることにしよう。

ちなみに最も古い市壁は、アレッポ城を西方から四角に囲む形で造られていたが、度重なる外敵の攻撃で破壊されている。その再建は、例えばザンキー朝の名君、ヌールッ＝ディーン＝ザンキーによりなされたし、さらにその後の破損の補修は、アイユーブ朝のアル＝マリクッ＝ザーヒル・ガージー[*1]の手でも行われた。またアル＝マリク＝ル＝アジーズ・ムハンマド[*2]の時代には、アレッポ城の東側に町が拡張され、その地区を囲む市壁が造られた。

＊1　アル＝マリクッ＝ザーヒル・ガージー（在位一一八五―一二一六）　サラーフッ＝ディーンの三男。ザーヒルはアレッポの領有後直ちにこの都を与えられたが、北シリア全域を着実に掌握し、その後モンゴルの侵攻まで存続する王朝を築いた。彼はこよなくアレッポを愛し、諸学の興隆、城市の整備、復旧に尽力し、この都は彼の統治によりイスラーム世界で名を轟かせることになった。
＊2　アル＝マリク＝ル＝アジーズ・ムハンマド（在位一二一六―一二三六）　ザーヒルの息子。幼少の頃に父が亡くなったため、長らくトゥグリルの摂政を受け、自分自身の統治期間は短かったが、英明な君主であった。

市壁の四方に敷設された市門についていえば、かつては一九程が存在したといわれているが、今でも往時の面影をいささかなりともとどめているのは、僅か三つか、四つに過ぎない。

まず指摘されねばならないのは、市壁から西側に突出したところにあったサラーマ大門である。城塞の西の裾野からまっすぐ西に伸びる大通りは、ギリシャ、ローマ時代からのこの街の主要幹線道路に当たり、アレッポの水源であるクワイク川に架けられた大橋の上に建てられていたといわれる。イスラーム登場以前にこの大門は、直線志向の精神性に親しんだ人々にとり、まさに街の花形的存在であったことであろう。しかしこの橋は、九六二年に侵攻してきたビザンツの大軍により破壊され、すべて灰燼に帰している。

アレッポ城から真西を指す基本線の線上、サラーマ大門の手前にアンターキーヤ門がある。ここは、周辺に繁華なスークが立ち並ぶ大通りの、最も重要な起点となっていることはいうまでもない。現存するこの門は、十三世紀にアイユーブ朝により建造され、十五世紀にマムルーク朝により修復されたものである。

市街の南西には、往時一番壮麗であったといわれるキンニスリーン門がある。十八世紀初頭の記録によれば、旧市街の南、東、北にそれぞれ二門、西に三門、計九つの門が存在したといわれ、その当時すでにこの門は老朽化が最も激しかったという記述がある。現在ではそれにも拘わらず、このキンニスリーン門が、かっての威容を最もよく伝えているといえるであろう。往時人々はこの門を通って、この地域一帯の主邑であったキンニスリーンへ出向いたため、この名で呼ばれている。この門は、十世紀にサイフッ＝ダウラによって建てられたと伝えられているが、実際は彼が再建したものだという記録もある。さらにサラーフッ＝ディーンの孫、アル＝マリク・アン＝ナースィル*が、一二四四年にこの門を再建している。

* アル＝マリク・アン＝ナースィル（在位一二三六—一二六一）　アル＝マリク＝ル＝アジーズの子で、サラーフッ＝ディーンの曾孫に当たる。彼の治下においてアレッポはこの王朝の絶頂期を経験するが、同時に終焉を迎える。一二六〇年にモンゴル勢はこの都を占領して徹底的な破壊を行ったが、この曾孫も捕らえられて、処刑の憂き目に会っている。

いま一つの南門は、かつてアブラハムがここで滞在した〈宿営の地〉（マカーム）を意味するマカーム門で、ダマスカスに赴く道路の起点に当たっていたため、ダマスカス門とも呼ばれている。

東側の南からいって最初の門は、近くの町ニイラブに通ずる小さなニイラブ門で、その北には単なる哨所であるアフマル門がある。〈赤〉を意味するアフマルという語は、ハムルからの派生形であるが、アル＝ハムルは、アレッポ砂漠東方に位置する村の名前であり、それにちなんでこのように呼ばれた。ただし正式の呼称は、それを造ったビザンツの大工の名にちなんだバールージュ門であった。この小門は、一五一五年にマムルーク朝のスルターン・カーンスーフ・アル＝グーリー*の命により建造されたものである。

* カーンスーフ・アル＝グーリー（在位一五〇〇—一五一六）　ブルジー・マムルーク朝の第二二代スルターン。それまでエジプトは紅海経由の遠洋貿易で巨利を上げていたが、一四九八年のヴァスコ・ダ・ガマによる喜望峰廻りインド・ルートの発見により、致命的な打撃を受けた。グーリーは最後の抵抗を試みるが、ポルトガル海軍により全艦隊を破壊され、彼の死後程なくしてこの王朝はオスマーン朝にとって代わられる。

北側の東端には〈鉄〉の門の意のハディード門があるが、このような呼称が与えられているのは、ここからニイラブ門にかけて広がる近郊のバーンクーサー地区に通じているためである。バーンクーサーは、トルコマーン、クルド、遊牧のアラブなどが住み着いた地域であるが、彼等の多くは鍛冶職に従事していた。呼称の由来は、ここにある。鍛冶職が姿を消しているダマスカスの場合とは異なり、現在に至るまでここでは、依然として昔ながらの職業に従事している者が多い。

イブン・シャッダード*によれば、この門がすべて鉄で造られていたためにこう呼ばれたという、異説を伝えている。鉄造りのこの門には平常は使われない二つの大扉があり、その中に小扉があって人々を通行させていた。この大扉の上には堅固な砦が築かれていたのである。かってはここに濠割が引かれていたため、〈濠割〉の門、カナート門と呼ばれることもあったし、バーンクーサー門としても知られていた。この門もまた、上述のカーンスーフ・アル＝グーリーによって建てられたということである。

* イブン・シャッダード（?―一四八五）　シリア、ジャジーラ、アナトリアの地誌にかんする重要な著作家。"al-'A'lāq al-khaṭīrah fī dhikr 'umarā' ash-Shām wa-l-Jazīrah"（シリアとジャジーラの貴顕の士に関する貴重な情報）の中のアレッポの巻は、重要な情報源である。

この西よりには、〈勝利〉門の意のナスル門があるが、十八世紀頃のヨーロッパ人たちは、聖ヨハネ門と呼んでいた。かってはユダヤ門とも呼ばれていたが、これはこの門の内側にユダヤ人クォーターがあったことに由来している。その後アル＝マリクッ＝ザーヒルがこの門に手をかけ、一層豪華なものとしたため、呼称は変更されることになった。とにかくこの門の周辺には、現在でもキリスト教徒が多く住んでいる。

北側の西端にはファラジュ門があった。イブン・シャッダードによれば、これはまた〈庭園〉門を意味する、ファラディース門、またアバラ門とも呼ばれていたとのことである。この門は、アル＝マリクッ＝ザーヒルによって建造されたが、後に閉鎖され、息子のアル＝マリク・アン＝ナースィルの代まで開かれることがなかった。現在では、この門の位置に時計台が建てられており、往時の記憶をとどめている。

ファラジュ門の南にはジナーン門がある。現地の人々は一般に、ジュナイン門と呼んでいる。この呼称は人々が、クワイク河畔にあるジナーン・ハラブ、つまりアレッポ公園に、この門を通って訪れたことに由来している。砂漠の民にとっても川の流れは、心を吹き清める爽快なものをもっていた。アレッポの詩人はさまざまにクワイク川の魅力を讃えているが、ここではイーサー・イブン・サアダーンのジナーン門を讃えた詩の一行を引いてみよう。

爽味の朝、そよ風はほろ酔い機嫌の足取りで、ジナーン門を吹き抜ける。

ここではほろ酔い機嫌を意味するジャンヌという言葉と、ジナーンがかけられており、軽快な表現になっている。ジナーン門の内側には、十六世紀にまで遡るアビー・ハシャバ水道の本管が埋蔵、敷設されている。ただしこの門からファラジュ門に至る一帯は、フランスの委任統治時代に道路拡張のため取り壊されており、現在ではかつての姿をとどめるものはない。

メディーネの空間

旧市街を取り囲む市壁に敷設された諸門について略述した後で、いよいよスークの中に歩みを入れることにしよう。迷路のように入り組んだスークを訪れるには、いろいろな道筋が考えられるが、初心者はまずアンターキーヤ門から入ってまっすぐにアレッポ城に向かう道を選ぶのが賢明であろう。道に迷わないためには、かなりの経験が必要なのである。

両側には、スーク・ル＝アッターリーン、(香料スーク)、スークッ＝ザルブ(頭被い布スーク)などが立ち並び、かつては中世都市における最重要の通りであった。アンターキーヤ門の先の、右手の細い道には、一一六八年に建てられたアレッポ最古の学院、マドラサ・ムカッダミーヤがある。

城に向いまっすぐに伸びた中央の道の両側には、かつてはトゥトゥン、つまり〈煙草〉のスークがあった。現在そこでは煙草は売られていないが、その名称だけは残されており、大煙草ハーン、小煙草ハーンなどが隣接している。その手前右奥には、ハーン・アル＝アドゥス、さらにハーン・アッ＝シャイト、道を東へ上ると右手にはナフラミーヤ・モスク、その裏手に当たる南にはハーン・アッ＝シェイフ・アブドッラー、その東方には道をはさんでハーン・ハッバーバがある。

またナフラミーヤ・モスクの向い側の奥には、ハーン・アル＝ジャディードがあるという具合に、この中央道の両側、さらにその奥手に蜘蛛の巣のように張り巡らされた小路のそこかしこに、数多くのハーン、カイサーリーヤ（一〇〇頁参照）が点在している。例えば大ハーンの一つ、ハーン・ジュムルクは〈税関〉のハーンの意味であるが、かっては市外から運び込まれてきた商品にたいして、ここで関税が課されていた。ただしヨーロッパとの経済的関係が密になるにつれて、十七世紀頃からフランス、イギリス、オランダ等が領事館を置き始めたが、関税事務の簡便をはかるために多くはこのハーン・ジュムルクを拠点とし、ここに領事の住居を構えたりしていた。

ハーン・ジュムルクの先の左手には、大モスクがある。このモスクは、八世紀にウマイヤ朝により、ビザンツのカテドラルがあった場所に建てられた。しかしこのモスクは一一六九年に破壊されたため、当時の痕跡はなに一つ残っていない。そのご名君、ヌールッ＝ディーン・ザンキーが大モスクを再建している。一〇九〇年にセルジューク朝により再建されたミナレットのみが、歴史の変転を経て現在に至るまで健在であり、これ以外はみなその後建て替えられたものである。このモスクは、バプティストのヨハネの父、ザカリヤの墓を擁しているため彼の名を冠してジャーミア・ザカリーヤと呼び慣わされている。

大モスクの近くにもハーン、カイサーリーヤが点在しており、城に近づく中央の道の両側には、先に触れたアラブの衣装、頭被い布、テント等とりわけアラブの男性の用いる品々を商うスークッ＝ザルブが続いている。アンタータキーヤ門からまっすぐ城へ上る道の終着点には、かってはバーブ・ル＝ファラジュと呼ばれる門があった。

一通り旧市街を通り抜けての第一印象は、見かけるものの多様性、錯雑さである。スーク、ハーンの配分、商店の構成、商品の展示の仕方、すべてが一見乱雑で、無秩序である。今通った道路は、アレッポの中でも一番直線的なものであるが、それでも細部は曲がり、ずれ、よじれている。空を覆う天蓋、その明かりとりから差し込む光線は、店中にばら撒かれたように散らかっている商品を照らす。そうはいってもこの錯雑さは、実際にその場で見かけると、不思議に抵抗感なく受け入れられる乱調なのである。われわれ異邦人にとっては、すべては日常性を超えた、演劇的世界の中のシーンのようにも受け取れる。そのように考えれば、舞台装置も、照明も、主役はいないが、登場する多くの脇役たちは、かなり立派なものである。

ただしこの芝居には、ヒーロー、ヒロインはいない。ここは主役、脇役、ハレとケ、日常と芸術などといった二項対立的な分割の上に成立している場ではない。それは、主客の対立、分化を微妙に超えたところに成立しているのである。しかしこの小暗い空間を、これほどまでに生き生きと脈動させているものは、果してなんなのであろうか。一々の細胞が着実に生命力溢れる活動に従事しながら、全体で蠕動《ぜんどう》運動を行う。比喩的にいうならば、スークの中は一つの有機体、端的には消化器系にたとえられるであろう。食道、胃、小腸、大腸といった〈経済〉の基幹通路には、さまざまな臓器から異なった精分を含む分泌液が送り込まれ、複雑な消化活動が果たされる。さまざまなスーク、それにつながるハーン、マドラサ（学院）、マスジド（モスク）の複雑な組合せは、とにかく有機体の比喩をもってしか語れない。錯雑の中の調和を、他のなにをもって語りうるであろうか。

ソーヴァージェに代表されるような直線的理解を越えるためには、〈斜めにずれ、滑っていく〉論理を求めたフーコー、あるいは『千の高原』の中の「ノマドロジー」で明らかにされたドゥルーズ／ガタリ流のアプローチが必要である。しかしここではこれについて論ずる余裕がないので、中東イスラーム世界における都市空間について優れた分析を行っているイタリアの建築学者、R・ベラルディーの説を簡単に引いてみることにしよう。彼によれば、モロッコのフェスのようなこの地域の伝統的な都市の内部の空間は、大別して二種類に分けられる。それは直線的な空間と、曲線的な空間である。前者に特徴的なのは直線的な太い道路であり、後者のそれは曲がりくねった小道、袋小路である。

直線的な太い道路は、一方の端から他の端に向けて町を貫通し、その周囲に大モスクやスークを伴っている。この周囲は、いわばある意味での公的空間であり、町の内、外からの人々のアプローチを容易ならしめるようにできている。人々は昼のうちには町の内、外からこの主要幹線を伝ってものの売り買いのような基本的に必要な活動、あるいは大モスクでの集団礼拝といった義務的行為を、簡単に果たすことができる。夜はといえば都市の門は閉ざされ、内外の交通は不可能となって、住民の安全が保たれる。

例えばスークも、分類からいえばこの部類に入ることになる。昼のうち人々はここで自由に売買に励むが、夜はここから閉めだされる。だが町に留まりたい旅人は、スークにつながったハーンやカイサーリーヤで宿泊し、夜にはそこから足を伸ばして町中に出ることはできない。これによって、住民たちの安全が保たれるのである。昼はすべての者に開放され、夜はすべての者を内、外に閉じ込める、さながら呼吸をしているような空間。これが公的な、直線的空間である。

都市の中央を貫く直線的な空間には、すぐに曲線的な空間が隣接している。この空間は住民たちの私的空間であるが、その中での単位化は力強い個体論的な原則に即して行われる。資産、資質を異にするそこでの各個人は、特定の単位に依拠する、空間の無機的な均等配分の原則を受け入れない。無限に異なった細胞が、それぞれの独自性を強固に主張しながら、特定の空間内で全体的な調和を保とうとする場合、配分は前提の多様性ゆえに当然有機的たらざるをえない。それは一々異なる細胞の特質に応じた需要に、あますことなく対応する血管にも譬えられるであろうか。

アレッポの空間の有機性

ここではベラルディーの論旨をさらに発展させて説明を行うことにしよう。差異性の極みである個体の群を、それから抽出した原理で均等に配分するか、それとも各個体の差異性を徹底的に是認して配分を行うか。二つの方法の相違は、対照的であるが、アラブ・イスラーム的都市の場合には、強度に後者の原理が働いているのである。ここでは敢えてたんにイスラーム都市とせず、アラブ的要素を付加しておいたが、それは個体性の重視という点に関しては、アラブ的なものもかなり重要な役割を果たしていると考えられるからである。ただしアラブ的なものは、多くの論者が想定するように、イスラーム的なものと対立するものではなく、むしろイスラームはアラブ的なものを、一つの別なシステムによって整理、強化、発展させているのである。

血管による単位細胞にたいする養分の配分に似たもの、という発想は、曲がりくねった小道、袋小路のランダム性の秘密を証すばかりでなく、最低単位であるそれぞれの家のあり方をも、予測させずにはいない。私的な住居の多くは、中庭式であるか、あるいはそれの変形である。各細胞にも比される私的住居は、単純に単位としての独立を主張するばかりでなく、他との生き生きとした関係性を重視する。この単位は、それぞれが互いに切り離されたデジタルなものではなく、それ自体がアナログ的なのである。中庭的住宅は、この種の想定を見事に裏付けてくれるのである。

ここで中庭式住宅の空間の意味、特性を考えてみよう。これは若手の研究者恵崎政裕が、その意味を人々の心性と関連づけながら、十分に論及している主題である。その基本単位は、九つの小さな正方形を縦横に三つずつ合わせた、大きな正方形である。井型に並んだ小正方形の、例えば下辺中央のものをこの基本単位の内外への出口とし、中央のものを中庭とする。その場合他の七つの正方形は、それぞれ一つの家庭を収める基礎単位、個人の家ということになる。中庭式空間においても、各家庭の個人は自分を他から切り離す絶対に私的な空間を持っている。しかしこの空間は、すぐ中庭という公的な空間と接しており、それを介して他の六つの単位と切り離し難く結ばれている。中庭は、基礎単位の公私の境を、内外から浸透させる濾過性の膜、フィルターである。あくまでも個体の個体性を確保しながら、同時に他者との交流、交通を組織的に成就させる空間として、それは関係性そのものの核である。

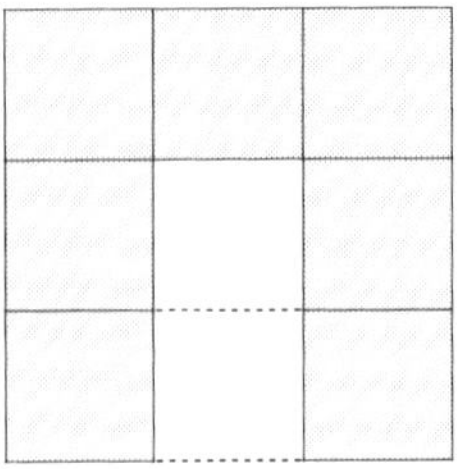

それぞれ強力に自己主張してやまない〈私〉の集合である〈家〉は、中庭の関係性によって束ねられ、独自の有機体的エネルギーを発することになる。それは砂漠に舞い上がる小さな竜巻のように、独自の運動を起こし、ものみなを変形させる。ここでの運動は無機的な直線で表現されるものではなく、ランダムな軌跡しか描かない渦巻型のもの

である。曲がりくねって蜘蛛の巣のように交差する小道、至るところに見受けられる袋小路の秘密はここにある。そして袋小路とは、最も簡単な中庭式住居の変形であるということも、すぐに納得することができるであろう。井型に並ぶ九つの小正方形のうちの、中庭とそれに導く入口の部分を道路にすれば、得られるものは袋小路なのである。

中庭式住宅、袋小路に接する住宅は、それぞれ単一の住宅でありながら、公私を隔てない関係性のしからしめるところによって、活発な渦巻運動を起こし、道路を、家々の敷地、構えを変形させる。この運動のランダムな性格については、興味深い一つの事実が認められる。既に少しふれたが、それはこの地域の不動産売買契約にみいだされる、特殊な記述方式である。登記された資料には、非常にしばしば、対象となる家や店の面積、間口の長さといった実数が記載されていない。代わりにあるのは、この物件が東に隣接しているのは誰それの家であり、南は誰それの庭の壁に接しているといった、関係的な記述ばかりなのである。渦巻運動の軌跡は実数ではなく、関係的な記述によってしか表現しえないのである。

ベラルディーの いう直線的な空間と、曲線的な空間との関連は、また有機体的な比喩で最もよく説明されるであろう。彼は都市とスークの直線的空間のたたずまいを、昼と夜の呼吸運動に譬えているが、これを踏襲するならば曲線的空間は、肺臓内部の小細胞群といいうるであろうか。外から必要な酸素を吸入し、同時に不要な炭酸ガスを外部に放出する、人間にとって最も基本的な活動を等しく担っているのは、それぞれ相異なる無数の細胞の群であり、それを機能させる曲がりくねった血管の網目なのである。

中東世界の都市空間の関係論的性格については、既に指摘したようにイスラームの思想、法的特質と結び付けた研究として、とりわけ相続法の固有な性格について言及しながら、渦巻運動の根拠、ランダムな曲線の由来を証した黒田壽郎、同様の手法で中庭式住宅の分析から始めて、この地域の社会の関係論的特徴を見事に捉えている恵崎政裕等の研究がある。詳しくはこれらに当たって頂くにしくはない。ただしここで重要なのは、〈斜めにずれ、滑っていく〉運動と、それを創り出すエネルギーの根拠に関する認識なのである。

中東世界の都市論について言及しながら、それに関するベラルディーの分析を紹介したが、これはアレッポの都市空間の有り様とも見事に一致している。城塞の裾からアンターキーヤ門にかけてまっすぐ西に伸び、大モスクを伴う直線の空間。これはすでに多くの曲がりを被っているものの、未だにかっての直線文化の面影を留めていない訳ではない。そしてそれから徐々に遠ざかるにつれて、中庭式の住宅が散在する、ランダム性の濃厚な曲線的空間が広がっていく。その中間にあるのは、スークを維持する臓器ともいいうるような、さまざまな施設である。すっかりと人目に曝された商品を陳列する商店の群の背後に、あたかもひっそりと身を隠すかのように存在するハーン、カイサーリーヤ、あるいはモスク、マドラサ（学院）、浴場など。

スークの諸構成要素

アレッポの都市空間の有機性について論じた後で、若干の整理を行うために、スークとそれを構成する諸要素に関して、用語解説風の説明を付すことにしよう。まずスーク（sūq）とは、とりわけて市場、マーケットを意味するが、この言葉は総体としてアレッポの市場（sūq-l-madīnah）を示す場合と、特定の商品を扱う個々の市場、例えば石鹼市場（sūq-ṣ-ṣābūn）等、また場所を指示してハーリディーエ市場（sūq-l-Khālidiyyah）、市の開催日を示す金曜市場（sūq-l-jum'ah）といった用法がある。語源的にいうならば、送る、運ぶ、手渡すという意味の、sāqaという動詞からの派生形である。そしてsūqという語そのものは、市、市場、定期市等の意味を持つ。

ちなみにこの語根からの派生形としては、商品を売る、市場で商うという意味のtaswīq、バーゲン、お買得品の意味のtaswīqah、小市場を示すsuwayqah、市場の売り手suwwāq、相互関係、関連tasāwuq等、多様な語が存在する。ところで中でも本来売り手を意味するsuwwāqという表現に関しては、後に詳しく論ずるが、C・ギーアツが絶妙の解釈を与えている。関係論的なスークの磁場で、スークに集まる人々は、売り手であれ買い手であれ、単純な売買を超えた交換、取引に参与するという意味で、すべてsuwwāqであるという解釈であるが、このような理解こそスークとその活動の本性を明らかにする最も重要な要素であろう。

以上は一般的な説明であるが、アレッポ旧市街の商業活動全体を指すスーク゠ル゠メディーネ、単純に〈メディーネ〉といった表現には、特殊の意味が含み込まれているように思われる。それはたんに道路の左右に存在する商店の連鎖、集合というものを超えた、より大きな経済活動のシステムそのものを指しているのである。これについては以下にゆっくりと検討することにしよう。

すでに度々指摘があったハーン（khān）、カイサーリーヤ（qaysāriyyah）については、両者の区別に関して、これまでにもさまざまな論議が交わされてきている。両者共にその本来の機能は、隊商《キャラバン》たちの商業、宿泊施設であったが、どうやらその使途に相違があったらしい。

ハーンはいわゆる商人宿であり、かっては通常ここで荷を解いた隊商と取引が行われた。一般にハーンは大きな中庭式の二階建てで、庭に面した一階は多くの小部屋に仕切られ、取引所、商品を保管する倉庫、ラクダ、ロバ、馬などを繋ぎ留めておく厩、管理人、使用人の住居等に当てられていた。二階は、内側に回廊が巡らされており、その奥に小部屋があった。それらの小部屋は、客人たちの宿泊施設となっていた。その入口は一つであり、定刻に開閉される決まりがあった。かつてはここに、ハーン全体の活動を取り仕切る、アガと呼ばれる責任者が存在し、またオダ・バシという荷運びの監督者や、ハーリス（夜警）が常駐していた。

一般にハーンは、本来固有の商品を商うスークに付設されるかたちで存在していた。石鹸のスークには、ハーン・サーブーン、つまり〈石鹸〉ハーン、絹製品のスークには、ハーン・ハリール、〈絹〉ハーンといった具合いに。ただしその後は、独自の機能を果たす小さな中心、ハーン・ジュムルク、〈税関〉ハーン、あるいはハーン・フルクローズ、〈ヴェニスの商人〉ハーンといった例のように特化されたり、商業上の変化をうけて旧来のあり方を止めたりしている。現在ではそのほとんどが宿泊所としての機能を失い、事務所、倉庫、工房、卸専門の店舗等を擁するのみに変わっている。

カイサーリーヤは、アレッポにおいては独特の歴史を持っている。これは本来異なった機能、役割を持った建物、錠のかかるホールを有し時には宿泊施設としても使われた。特にアレッポにおいては、さまざまな機能、役割を果たす施設を一箇所に集めた建物、ないしは複数の建物の集合にたいして使われていたようである。中世においては、金銀細工商のカイサーリーヤがその好例であるように、高価な商品を製造、販売していた地域の入口を、門で閉ざしたスークを指すことがあった。通常個々のスークには門はないが、このカイサーリーヤは高価な商品を取り扱っていたため、このような措置が取られたのである。

しかし時代が下がると、短期滞在の宿泊施設と、商品の倉庫をもつ宿屋（funduq）、あるいはハーンに近い意味を持つようになる。十八世紀のアレッポでは、これらとは異なる用法があったようである。一七五〇年頃には、中庭の周りをぐるりと取り巻くような庶民の集合住宅全体が、カイサーリーヤと呼ばれた例がある。またこの頃アレッポでは、織物製品の倉庫全体を指したり、機織職工、その他の手工業関係者の一連の工房を総称する場合もあった。カイサーリーヤの各部屋は、ちょうど一人用の仕事部屋に向く広さだったので、仕事部屋、工房、庶民用の住居への転用が容易だったのであろう。

既に示唆したように、人々にとってスークはたんなる商業取引の場所ではない。そこは社交、情報交換、学問、瞑想、娯楽の場でもある。したがってジャーミア、つまりモスク、マドラサ(学院)、ザーウィヤ(宗教的集会所)、ハンマーム(公衆浴場)等が、複雑に入り組んだかたちで存在している。

メディーネには大モスクのような規模の大きいものから、簡単な礼拝所程度のものに至るまでモスクが百数十もあるが、これは信者たちの礼拝を容易にするためである。時間になると、これらのモスクで、敬虔な信者たちが自らに課された義務をきちんと果たしている姿がみられるが、この数は彼等の信心深さを端的に示している。

学院を意味するマドラサ(madrasah)は、伝統的な宗教諸学を修得するためのものである。アレッポは、学芸を振興した名君を多く輩出したことでも知られており、そのためにマドラサも数多く、すべてが現在使われている訳ではないが一〇〇ほどの学院が知られている。ハムダーン朝のサイフッ＝ダウラは、その王宮に当代一流の知識人を集め、彼等を厚遇したことでアラブ世界でも歴史的に有名である。とりわけ時代が下がってザンキー朝のヌールッ＝ディーンは、伝統的学問の衰退を憂い、数多くの学院を建設し、物心共に学術の組織的振興に努めたことで名高い。その後もこの良き歴史的伝統は受け継がれ、記述すべきことも数多いが、ここでは割愛する。人々の知的精神性と、都市空間は、当然密接な関係があるが、それは本書の主題ではない。

現在では、社会主義を標傍する政権下にあって、この伝統もかなり制限を受けている様子であるが、それにしても決して抑圧されている訳ではない。敬虔なスークの商人の子弟は、予備校もどきに、通常の学業の他にこのマドラサにおくられている。宗教心の涵養ばかりでなく、優れたアラビア語能力の育成のためには、ここの教育は極めて重要なのである。

ザーウィヤ（zāwiyah）は、非常にしばしば色濃いスーフィー的な傾向を持つ人々の小さな宗教的集会所であり、ここで既に意識されることのなくなった、密度の高い宗教的知識の交換、内的儀礼が定期的に行われている。ここでの集会を基礎に、親族、友人たちは特殊の社会的団結を示している例が多い。

その他スークと密接に関わる施設としては、ハンマーム（ḥammām）、つまり公衆浴場が挙げられる。歴史的に知られているのは五〇程であり、往時は社交の場としても人気が高かったが、現在では数か所が使用されているにすぎない。タイル張りの広間の中程に湯船、その回りに石製のベッドなどのある浴場があり、通常はいわゆる三助がいて、丁寧に浴客の身体を洗い流してくれるのが慣わしである。

女人専用のハンマームもあり、かって貴顕の女性は腰元などを引き連れて、日がな一日入念に入浴し、話に花を咲かせては体に磨きをかけたものであった。ここは女性たちにとっても、公認の社交場だったのである。イスラームの教えでは、日に五回の礼拝の前には、身を清めることが義務づけられていることもあって、常に身ぎれいにすることが奨励されている。ハンマームの数が多いのも、根元ではこのように、地域の文化と密接な関わりがあることが理解される。

その他のスーク

以上、旧市街、メディーネのスークについて記したが、現在ではこの範囲を超えてさまざまな所に種々の新しいスークができている。メディーネの西南にあるのは、既に指摘した政府公認の青物市場、スーク・ル＝ハールである。主要生鮮食料を扱うこのスークは、大がかりに政府が関与しており、一般のスークとは性格を異にしている。

これ以外には二種類の定期市がある。一つは、メディーネの東南にありピスタチオ、杏等を旬の季節に特別に売りさばく季節市である。他は毎金曜日、日曜日にそれぞれムスリム、キリスト教徒によって、バーンクーサー地区で開かれる青空市場である。既にふれたようにこの青空市場は使い古しの品、二流品を扱う〈蚤の市〉のような典型的なインフォーマル・セクターの市場で、飼育用の鳩、食用の鶏、その他種々の野菜、肉といった食品類、新品、中古の自転車、テレビ、ラジオ、衣料、眼鏡、靴等あらゆるものがところせましと並べられている。ここでは商売人、素人に関わりなく店開きができるらしい。

この定期市で気が付くことは、例えば町中で一キロ一〇リラするじゃがいもが、屑いもならばキロ一リラで入手できることである。包丁で手をかけさえすれば、貧乏人は一〇分の一の費用で家族を養うことができるし、加工したものを袋に詰めて町中の店に小売すれば、ささやかなりとも懐金が稼げる。これは貧乏な所帯にとっては、大変有難いことであろう。規格外の商品を流通に乗せることは、一物一価の経済においてはかなり困難であるが、経済力の劣った国々においては、これが持つ比重はかなり大きい。これも、伝統経済との関連で十分に考えなければならない問題であろう。

その他に観察されることは、アレッポの新興の街区にできる新しい市のほとんどが、なにがしかメディーネの古いタイプのそれに似ている点である。デパートやコンビニエンス・ストアーの類のものは、小規模のものはあっても、ほぼ成功はしていない。例えば上流階級が住むとされる、北西のシャフバー地区の近くにあるハーリディーエ・スークにしても、その基本的成り立ちは伝統的スークそのものである。一〇年ほど前から徐々に形をなし、今では店舗数五、六〇軒ほどに成長したこのスークでも、道の両側でせいぜい二坪程の小店舗が野菜、果物、漬物、穀物、食料品雑貨、家庭用雑貨、ロースト・チキン、パン、サンドイッチ、菓子等を雑然と売っているだけなのである。

これは、現地の人々に染み着いた、商業上の特性によるものなのであろうか。それとも彼等の間の商習慣が、すでに一つの染色体のようなものを形成しており、その指示に基づいて同じタイプの市が、至るところに現出されるのであろうか。ともあれここでは、不思議なことに大資本に系列化された大型ストアーは成功しない。それはよくよく考えてみれば、スーク、つまりメディーネそのものが、商人の数ほど多くの共同出資になる、一大コンビニエンス・ストアーであるためかも知れないのである。

第三章　スークの人々

伝統的なコーヒー・ポットとカップ――瀟洒な鳥の喙のようなポットの口から注がれる、カーダモン入りのコーヒーの香りと味わいは、周囲の雰囲気と相まってスークを訪れる者を「千夜一夜」のような幻想の世界に誘わずにはいない。

ハーン・ハッジ・ムーサー・アアワジュ　1階

①玩具
②玩具
③鍋，食器
④日用雑貨
⑤香料
⑥手袋等，毛織物
⑦ガス器具
⑧香水
⑨アメ，駄菓子
⑩プラスチック製品
⑪玩具
⑫玩具
⑬プラスチック製品
⑭プラスチック製品

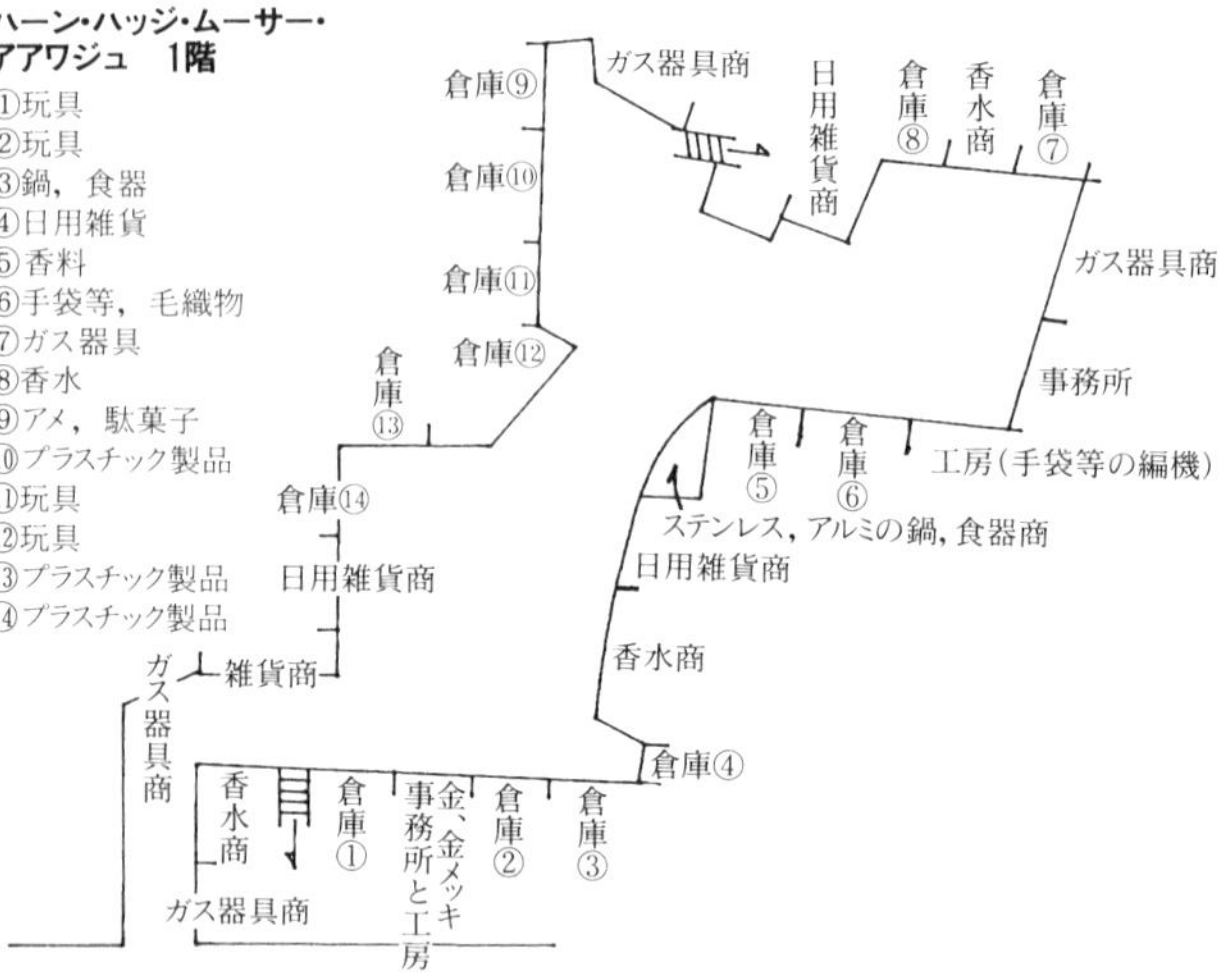

ハーン・ハッジ・ムーサー・アアワジュ　2階

①日用雑貨
②家庭用雑貨
③衣類
④洗剤
⑤玩具
⑥玩具
⑦日用雑貨
⑧香水

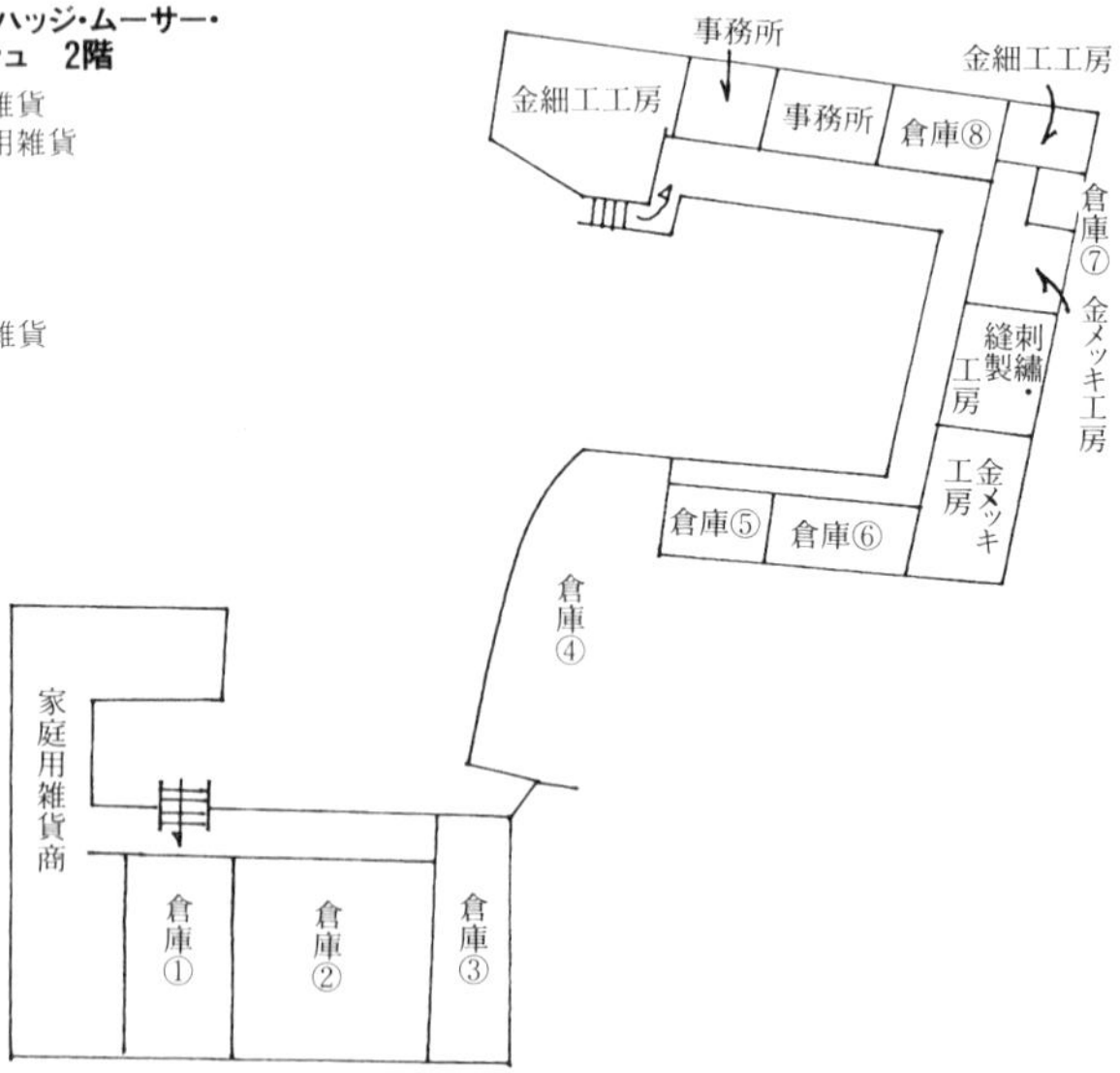

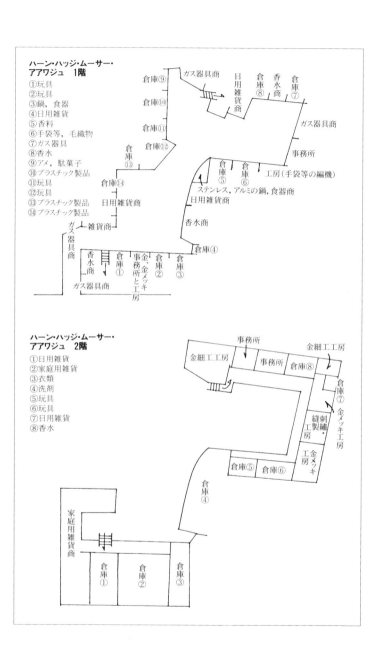

1 ハーン・ハッジ・ムーサー・アアワジュ

小ハーンの成立ちとワクフ制

アレッポのスークに関する予備的検討を行った後に、いよいよ商人たちに対する現地調査を行うことにしよう。現地調査といっても、かって四千軒あったといわれ、現在ではこの数を遥かに超える店を総当たりすることはできない。人通りの激しい中心部のスークでは、人目について親身な話はできない。現地の人々は江戸っ子以上に物見高く、あたりに変わった気配がすればすぐに寄り集まってくる。それにこちらにしても、相手の商売の邪魔をしてはならない。また有名なハーンの店々は、格式が高く、それに巨万の富を隠すためか、他人のちょっとした詮索も好まない。他方多くのハーンは、すでに倉庫、工房化していて、商業を調べるには適当でない。思い案じているうちに迷い込んだのが、とある小さなハーンである。

このハーンは、メディーネの中央に当たる大モスクの北側の大通りを渡り、そのまま歩みを北に向け、スワイカ・ハーティムの中程を左折したところにあるスワイカ・アリーの西端にある。〈スワイカ〉とは、アラビア語でスークの縮小形であるが、このスワイカは実際には他の並のスークよりは遥かに大きい。往時ここにはジャーミア・アリーと呼ばれるモスクがあったために、スワイカ・アリーと呼ばれたらしいが、このモスクは近くで発生した火事のさいに、近隣への延焼を恐れた人々によって破壊されたという。

　このスワイカについては、今世紀初頭の優れた歴史家ガッジー*による、次のような証言がある。「スワイカ・アリーは、アレッポの市壁内で最大の地区の一つである。地の利も良い上に、店の数も一番多く、商売についても最も繁盛している地区である。」ガッジーの指摘するように、ここには今でも小さな商店が密集し、いかにも商売は盛んである。

＊　ガッジー　タッバーフと共に二十世紀初頭を代表するアレッポの歴史、地誌に関する著述家。一九二二年から刊行された四巻本 *Nahr-dh-dhahab fī ta'rīkh Halab*（アレッポ史の黄金の河）は、アレッポの通史、太守、裁判官、貴顕の士等に関する記述のみでなく、この地域の地理、遺跡、気候、動植物、風俗、習慣から諸宗派、商業、経済問題等に至るまでの情報の宝庫である。

　このスワイカの西端に、右に曲がる小道がある。石畳のいかにも古びたこの道は上り坂になっていて、倉庫や住宅に通じているらしい。両側はすべて高い石壁で、二階に当たる部分は今はほこりだらけであるが、美しい木組細工の覗き窓、マシュラビーヤがいくつもある。ところで小道を右に曲がったまた右側には、路上の茶屋の他に印刷屋、雑貨屋といった二、三軒の店しかないが、丁度その向いがハーン・ハッジ・ムーサー・アアワジュである。入口の通路は、石でできたアーチ型のトンネルのようであり、いかにも舞台装置さながらである。

曲がりくねった道を少し入ると、中は袋小路で、それに面して結構多くの店がある。規模は小さいが落ち着いた離れ小島のようで、商人たちの人当たりも良い。できうる限り、一人一人と親密になることが第一条件である研究者にとって、ここは最もふさわしい候補地である。このハーンの名前を子どもに尋ねてみると、ハーン・ハッジ・ムーサーという答えが返ってきた。子どもの話では頼りないので、教養のありそうな店の主人に訊いてみると、まことにその通りだが、正確にはその名で呼ばれるハーンは、大通りの向い側にあるということである。すぐ近くのそちらの場所を訪れてみると、なるほど今は寂れているが、広い四角形の中庭を持つ立派なハーンがある。

名称が紛らわしいハーンとは面白い。それではこのハーンの正規の名前はなんであろうかと、細かな聞き取りをしても、一向にらちがあかない。だがその後文献から解明された事実は、まことに象徴的であった。要するにこの小ハーンは、正式にはハーン・ハッジ・ムーサー・アアワジュと呼ばれるものである。ハッジ・ムーサーは、後に述べるがこのハーンの設立者である。問題はこのアアワジュ（'a'waj）という表現である。これはアラビア語で、〈曲がった、捻れた、奇妙な、猫背の〉といった意味の形容詞である。

ここで一応気を付けなければならないのは、この形容詞がなにに付せられたものかということである。言葉どおりであるならば、普通の解釈は、巡礼経験者に冠せられるハッジの称号をもつムーサーというハーンの設立者が、猫背であったということになる。猫背のハッジ・ムーサーのハーンというのが、一つの解釈である。

ところでこの人物が、猫背であったかどうかは、文献に当たる以外は知る由もない。ちなみにアラブは、一般に個体論的傾向を有し、視力がない場合にも、目の不自由な男などといった回りくどい表現はしない。それを当然のこととしてそのものずばりの表現をし、だからといってそれで他人を差別するようなことはない。おまけに遊牧民はどちらかというと、自分自身の親族には、むしろ卑しい名前を付ける傾向があった。良いものは傷つけられたり、盗まれたりするという、〈呪いの目〉の影響であろうか。反対に奴隷のような身分の者には、飛びきり上等な名前をつけている。とにかくこのアアワジュとは、なにを意味するものであろうか。

件の人物ハッジ・ムーサーについては、彼が十八世紀に寄進した、ワクフという特別な財についての、J・テートという女流学者の研究がある。この資産家は生存中に巨富を獲得したが、死に先だってその財産の一部を、宗教財のワクフというかたちで寄進しているのである。

このワクフとは寄進財と訳されるものであるが、イスラーム世界においては重要な概念なので、若干の説明を行うことにする。イスラーム法では故人の財産はその親族に遺産として分け与えられ、その配分に関しては厳密で、詳細な規定がある。しかし敬虔な信徒は、生前に自分の財産を神に寄進して、それが長らく後世にまで、宗教的な目的のために使われる基金を設定することができる。このような寄進財は、一旦公に寄付されることによって所有権が神のものとして、不動のものとなる。ワクフとは、アラビア語でワカファ、〈停止する〉という意味の動詞に由来する言葉であるが、この財の所有権は字義どおり神のもとに留まって永久不動のものとなり、なんぴとたりとも勝手に処分することができないことになる。

この寄進財は、公共的な慈善事業に用いられ、㈠基金設立者の指示にしたがって、運営されるのに必要な収入を提供するための不動産、㈡運用あるいは維持費用に充てる収入が、重要な一部あるいは大部分を占める宗教的な基金および、慈善のための基金、の二つが一般にみられるタイプである。このように宗教、教育、福祉等のための公共機関、施設、事業を維持する目的で寄進される財産は、ワクフ・ハイリーと呼ばれる。この種のワクフに関しては、一旦寄進者が寄付を行うと、当然のことながらその所有権は完全に彼の手を離れ、彼自身、もしくはその親族はこれにたいして一切口出しする権利を持たない、純粋な公共財となるのである。

ただし後代になると、このワクフの変形が登場するようになる。これは寄進者が、自分の財をワクフとして設定はするものの、その一部を残された家族の利益にも役立てるようにしたもので、ワクフ・アフリー、あるいはワクフ・ザフリーと呼ばれる。このような新型が登場する背景は、長い政情不安に求められるであろう。先代が折角身を粉にして蓄財を行っても、政情が変わって一族に敵対的な支配者が登場すると、財産を凍結、没収するという例が多々生じている。この富が不正な手段で貯えられた場合、支配者が圧制的な場合とケースは異なるが、このような不都合を解決したいと秘策を講ずるのは、富める者の常であろう。財産の僅かな一部でも子孫のために残したい、そのような願望が宗教的制度と合体してできたのが、このワクフ・アフリーである。

西欧による植民地支配は、権力を掌握するとすぐに、歴史的にかなりの額に肥大したワクフの解消に乗り出した。合理的経営を行わない膨大なワクフ財こそ経済的立ち後れの元凶であるというのがその口実であるが、これは伝統的な宗教活動を経済面から圧迫するというのが、真の狙いであった。イスラーム世界の多くの地域で、ワクフの大がかりな解体が行われたが、貧者の救済、一種の社会保証の役割を果たしてきたこの制度にたいする打撃は、果してこの地の民衆にとって歓迎すべきものであったであろうか。そのさいまず対象になったのは、いうまでもなくこの家族ワクフであるが、これはエジプト、シリアでは一九五〇年代にすでに廃止され、その国有化と細分配が行われている。

ここで取り上げられているハーン・ハッジ・ムーサーは、正確にはハッジ・ムーサ・アル＝アミーリーといわれる人物が設立したハーンであるが、巨大な不動産を所有していた彼は、一七六三年に、ハーン三軒、カイサーリーヤ数軒、公衆浴場二軒、モスクを一つ、その他多くの商店、一般家屋をワクフに指定している。この内容を研究したのが、上述のテートの研究である。これらはもちろん、ワクフのために特別に建てられた訳ではない。彼はアレッポのさまざまな地区にある不動産を買い入れたり新築したりして、それを寄進しているのだが、それらはみな選り抜きのものであり、その管理、運営も容易なものではなかった。十八世紀の裕福な商人のワクフを代表するものであるが、この寄進は上述の区分でいうならばワクフ・アフリーに該当するものである。

ハッジ・ムーサーのひととなり

その後目当ての小ハーンで、物知りの老人にこの事実を持ち出し話題にすると、「ああその通り、アアワジュというのは曲がりくねったという意味で、それはこの小路が、ほらこのように曲がっているから付けられたのだよ」、という答えが返ってきた。一件落着までかなりの時間を要したが、これを聞いて筆者が小踊りしたことはいうまでもない。スークの曲がりくねった構造を検証するのが調査のささやかな狙いであることは、読者はすでにご存知であるが、ハーンの人々には知る由もない。彼等はアアワジュなどという、奇妙な呼び名を余り好んではいないのである。隣の大きなハーン・ハッジ・ムーサーはすでに商売の点では寂れている。われわれこそ、れっきとしたハッジ・ムーサーのハーンの商人なのだ。この人たちの自負心を傷つけるようなことは、止めておこう。

猫背のハーン、程度が過ぎればせむしのハーンを意味する呼び名では、いかに筆者が一人で心の高揚を感じたとしても、いささか具合いが悪いであろう。ここでは慣習にしたがって、ハッジ・ムーサーのハーンと呼ぶことにしよう。調べてみるとこのハーンは、ワクフ扱いにはなっていない。とはいうものの、この人物について多少の説明を試みておこう。功なり、充分な蓄財を終えた者が望むのは、日常を越えたものに依拠する名誉心である。それはこの世界で、どのような形をとるのであろうか。このような特異な精神性の傾きも、経済活動の分析にとっては、きわめて重要である。

ハッジ・ムーサーという人物自身はアレッポで生まれているが、ガッジーによれば、彼の祖先はイラクのバスラの出身である。家系を遡れば彼の祖先は、バスラの貴顕の士の家柄であるらしい。ただし年代、理由は不明であるが、この一族はアレッポに移り住むことになった。彼は十八世紀に、三人兄弟の末息子として、裕福な商人の家庭に生まれ、成人して父親の仕事を嗣ぐことになった。若い頃の生活は知られていないが、イラク、インドを旅して巨万の富を築き上げている。事実彼の家族ワクフの内容を見る限りでは、彼が寄進した財産は膨大なものであり、一時はそれに依存したり、それと関わりを持った人間の数は、一万人以上に及ぶといわれる程であった。

彼が親からどれほどの遺産を相続したか、その財力が後に結婚した資産家の娘にどれほど依存しているか、等のことは良く知られていない。しかし多くの手代を抜擢してそこかしこに支店を作り、自ら産をなすと同時に、これらの手代たちにも潤沢な財政的援助を行うという点で、優れた組織力を持っていたことで有名である。気さくな人となりで、貧富、身分の上下とは関わりなく、誰とでも自由につきあって、人気があったと伝えられている。功なり、名遂げたこの商人は、人生の終りにあたり、次のようなワクフ文書を書いて莫大な財産を寄進している。

「慈悲深く、恵み遍ねき神の御名において

讃えあれアッラー、選ばれたる者どもに善行の機会を授け、彼等を悪行から遠ざけ、楽園において最良の場所を調えられる御方。ふさわしき者どもに、良き行いの道しるべとなる御光を遣わされる御方。教えの道に惜しみなく財を投じた者には、豊かな報奨を与え、限りなき恵みを授け給う。その恵みは、〈百の実を稔らせる七つの穂をはぐくむ、一粒の種子〉のように、心のうちに正しき欲望を目覚めさせ給う。

唯一にして、並びなき、アッラー以外に神はなし。この証言は、それを唱える者に、来世での最高の地位を約束する。またわれらが導きの長、ムハンマドは、賞で、選ばれたるアッラーの召使にして使徒。彼は賛嘆すべき章句の啓示を、明らかな奇跡とともに、この世に伝え、広める。また性高貴なる彼は、最後の審判の日にわれらの取りなしにあたられる。アッラーは、ムハンマドとその一族、彼につき従い、啓典の書を書き記す者すべてをよみし給う。

現世ははかなく、来世こそ永遠である。ひとは皆神の御前で、この世における自らの言行をもとに報奨を受ける。そのための良き供えものは、ワクフである。名も高きアル＝アミーリー・ザーデの家柄を嗣ぐ、ハッジ・アフマドの子、いまは亡きハッジ・ハサン・ジャラビーの子、ハッジ・ムーサー・アガーが、ワクフを設定するのはまさにこのためである。」

文書は、寄進される財が買い取られた既存のもの、相続されたもの、新たに設定されたものである旨の説明をした後で、数十頁にわたりその内容目録を記載している。

敬神の念の篤い人間が、自分の信ずる教えのためにさまざまな寄進をするのは、どの宗教にも見られる一般の現象である。それ自体をとってみれば、なんの変哲もないことであるが、イスラームの場合には、この現象がおかれているコンテクストにかなりの特異性がある。宗教と、政治、経済を分離しないイスラームにおいて、例えば経済は単純に〈もの〉、財に還元されることはなく、さまざまな次元で密接に〈ひと〉と関わっている。キリスト教経済、仏教経済は存在しないが、れっきとしたイスラーム経済というものを持つこの教えでは、観念、理念のレヴェルではなく、具体的な商業的実践の段階で、宗教が深く関わってくるのである。

十八世紀の後半にアレッポに滞在し、克明にこの地の自然史を書き記しているA・ラッセル*は、同時に商人一般の気質、態度についても正確な記述を残している。本業が医師であったラッセルは、この地の商人に酔っぱらいが一人も見かけられないことを褒め讃えるとともに、彼等にとって品行方正であることが、資本の一つであり、そのいかんによって商売の多寡に影響するとも述べている。信用の創造とは、近代経済学の用語では例えば一万円の資本で、十万円、百万円の取引を行いうる可能性を意味する。だがイスラーム世界においては、それは好ましい人格、正しい商行為を介して人々の信用を博し、多くの顧客を獲得することである。宗教はこのような行いのなんたるかを、その光に基づいて人々に教える。それに則って謙虚な生活を送り、正しい商いを行うことにより、顧客が増大し、富も蓄積される。

＊ラッセル、アレクサンダー（？―一七六八）　イギリス領事館付きの医師として数年アレッポに滞在した。弟の助けを得て完成した *The Natural History of Aleppo* は、十八世紀中葉のこの都及び近郊の風俗、習慣、気候、動植物、病気等の正確で生彩のある記録として貴重な資料である。

正しい商行為という一粒の種は、七つの穂を育て、それぞれに百の実を稔らせるように、豊かな富をもたらす。そしてこの恵みはまた、正しい欲望をも育ててあげる。ワクフ文書の前書きは、ひとともの が信用の根拠であり、富の根源であることを独特の言い回しで述べているが、この種の信条は現在でも多くの商人たちにしっかりと根を下ろしている。言い方を変えるならば、品行方正も、商売のためなのである。これが今でも、交換経済というシステムにおいてきちんと保たれていることについては、後に分析することにしよう。価格がすべてではない場合に、信用という数的に捉えどころのないものが、最も重要な経済的要素となる点については、インフォーマルな経済について論じたアカロフが、つとに指摘しているところである。

滑らかな空間の商業活動

取り分けて目だった看板もなければ、宣伝広告もない。迷路のように入り組んだ道路の奥の、このような一角でどのようにして商売が成り立つのか。疑問はとにかくとして、ここを根城にしようと思い立ったのは、アアワジュなどという呼び名の秘密が解る以前のことである。なによりもひっそりと落ち着いた風情が、ひとの調査にはもってこいである。

一七四五―六年に設立されたといわれる、この曲がりくねった小路に導かれる小ハーンには、本章の扉裏に示したように現在一三の店舗、七つの工房、四つの事務所、二二の倉庫がある。メディーネのスークは元来卸売商の性格を強く持っているが、ハーンに店舗が開かれるようになったのは、今世紀中葉以降のことであるため、とりわけ卸売商のみが集まっている。もちろんこれらの商店でも小売を行っているが、それはむしろサイド・ビジネスといったものである。

このハーンの商品は、香水、日用品雑貨、ガス器具、石油ストーブとその部品、水道関係部品、ステンレス・アルミ製鍋、食器等に限られている。雑然としているようでいて、それぞれのハーンは無闇に多くの店を受け入れている訳ではない。多少は特化していないと、いかに融通無碍のスークの一部であるとはいえ、客の方も目当てがつけ難いのであろう。しかしこの迷路のような場所も、土地勘のある者にとっては別になんの困難もないらしい。しばし入口で足を止めていると、実にさまざまな人々が足しげく出入りしている。

シリアの経済、とりわけ商業システムをとりあげる外国の研究者が、ほぼ異口同音に述べているのは、商いの方法が実にまちまちで、なんともその内容が捉え難いということである。変化球を地でゆくさまがまざまざと見てとれて、筆者にとってはまことに喜ばしい限りであるが、この分析は後回しにしよう。変化球とはいっても、全然区別がない訳ではない。

タージル・ジュムレは纏め売り商人、いわゆる卸売商である。当然のことながら取引高が多く、それだけ利潤も多い。彼等は商品を直接、生産者あるいは一種の仲買人であるワキールから仕入れる。半卸商はタージル・ニスフ・ジュムレと呼ばれ、卸商同様に商品を仕入れるが、その際の量が卸商より小規模のものを指す。また時に卸商からも仕入れて小売商に売り渡す商人である。小売商は、上述の二種類の商人から仕入れてバラ売りする者で、タージル・ムファッラクと呼ばれる。ただしこのような一応の区分も、実際に当たってみると、混乱の極みであるところが、まさにスークのスークたる特徴である。

2 ハーンの人々

心優しい商人たち

「やー、お前は、中国人か、日本人か?」

大声で不躾な質問をしてきたのは、入口の小さな店の若者である。ブッキラ棒な口調の割には、顔つきは優しい。年の頃は二十歳ほどで、店の外では小さな子供がニコニコと無邪気な笑みを浮かべて、もの珍しげにこちらを見つめている。アレッポの人間には、およそ中国、台湾、香港の区別はない。皆シーニーヤなのである。日本人などというのも、外見からすれば中国人と変わりはないのである。石のトンネルの一部をくり抜いたような、間口一間、奥行き半間ほどの小さなこの店の前は、カウンターのように仕切られており、後ろは棚で商品がぎっしり詰まっているが、一見なにを売る店か解らない。これで商売が成り立つのか、本当に心配になる店構えである。

客足もまれな様子なので、とにかく話し込んでみるが、彼のアラビア語はものすごいアレッポなまりで、肝心なところはさっぱり解らない。商人同士の会話は、現地の人間でも解らないと聞き及んでいたので、へこたれずに話し続ける。彼は二十歳で、アナス・アッ＝トゥーンジーといい、小学校に八年在籍して卒業したとのこと。弟はマーリクという名で、勉強が嫌いなので小学校六年で中退したそうである。

「どうだい、コーヒーがいいかね、お茶かね。」この若者は大変きっぷが良く、早速飲物を奢ってくれる。買物をする訳ではないので、その必要はないと断わっても聞かない。散々苦労しながらやっと聞き取ったのは、次のような話である。彼は要するにガス器具の卸商で、需要があれば小売もしないことはない。商品の仕入れのためにときおりダマスカスに行き、月に一、二度地方、とりわけシリア北東部のカーミシュリーやハッサケに卸、兼行商に出かける。その間はすでに小間使いとして働いている、十二歳の弟が店番をするのである。家族は七代前にバグダードからアレッポに移り住んだが、祖父の代までは結婚衣装等、特別の着物に使う金糸作りの職人であった。この商売は二十三年前まで続いたが、時代の趨勢で需要がなくなったため、父がこの店を開いている。この父は現在、アレッポ特産の石油ストーブの金具を行商するために、シリア国内ばかりではなく、中東各国に出向いているということである。彼自身も、行商に赴くさいには、父親の商売の手助けをしているのである。

商売の取引先、とりわけ店の商品の仕入れ先については、五、六軒の生産者、二、三人の商人、三、四人の輸入品関係ワキールと付き合いがあるとのことである。外国の商品を輸入する場合現在のシリアでは、ほとんどがソール・エイジェントにあたる、ワキールを介して仕入れる仕組みになっている。

この若者は二十歳ですでにいっぱしの商人であり、店を訪れる金具製造工場の年輩の主人等と、ほぼ互角につき合っている。幼いマーリクも、一人で留守番している時には、日頃のあどけない表情はどこへやら、真剣な表情で客と応対している。もう一人前の商人なのである。アナスは純情で、ハーンを訪れる度になにくれとなく心使いをしてくれる。最近では妹の結婚式にわざわざ招待してくれ、外つ国の者に見聞を広める機会を与えてくれた。アレッポ南西にある彼の家で行われた、結婚の披露宴に出かけて母親に紹介されたが、大変気品溢れる女性で、嫁いでいく妹の美しさも並み大抵ではなかった。

アナスの隣の店は、間口半間程のこれまた小さな店である。店はアーチ型にくり抜かれ、奥の仕事場には若干スペースがあるものの、ほの暗い光線の中で長身の主人が香水を商うさまは、さながら芝居の舞台のようである。出し物はさしずめ加藤道夫作、浅利慶太演出の「夢を売る男」といったところであろうか。店が現実離れしているせいか、それともこの主人がどこか友人の浅利氏に似ているせいか、とにかく演劇を連想してしまう雰囲気なのである。しかしこの小さな店は、よほど人々の間に人気があるらしく、店の前には年中人だかりがしている。口コミで多くの固定した顧客があるのであろう。

この店の主人アーディル・ハッファールは、三十九歳の仕事盛りであるが、充分な世間的知恵と、清潔な青年を思わせる若々しさを兼ね備えた、素晴らしい商人である。アナスのところでお茶をすすっていると、暇を見つけて店の外に姿を現し、なにかときさくに話しかけてくる。彼の場合はダマスカスの法学部出身で、その教養がしっかりと身についている感じである。アラビア語も正調のフスハー（標準アラビア語）を多く取り入れてくれるので、まことに聞き取り易く、話もきちんと筋道立っている。シリアの政治、経済問題にしても、現状を肯定する点はきちんと擁護し、否定的部分は正しく批判する。

「日本から、考古学かなにかの調査ですか？　外国の方は、いろいろな角度からメディーネに関心を持たれるようですから。」

考古学、地理、歴史といった特定の領域の、特定な方法でなされる研究では、フランスが立派な基礎研究をしている。われわれにも可能だし、これからしなければならないのは、ものではなくひと、とりわけ人々の織りなす人間関係の研究だと思います。その第一歩として、まずスークの成立ち、働き、それと人々、経済活動の関わりを研究したいのです。一口では大変説明し難いのですが、例えばここでは、経済が経済だけで切り離されている訳でなく、その他の要素と入り交じっていて、しかも相変わらず生き生きと活気づいていています。古くさいといわれるでしょうが、その切り離しが極端に進んでしまった日本のような国にいますと、簡単に見捨てきたものの価値を、きちんと捉え直す必要を強く感じるのですが。そうはいっても、スークの複雑なところをときあかすような研究は、これまでにほとんどないものですから……

「わざわざ日本から、アレッポのわれわれの研究ですって。これは驚きました。スークのことでしたら、なんでも協力致します。とにかく私自身が関わっていますから。」

参謀にふさわしいインフォーマントが、これほどすぐに見つけられるとはなんといっても好運である。最初からなんの疑いもなくこれほど協調的になれるのは、いかにお人好しの中東世界でも、そうざらには居ない。法学が大変好きでこれを専攻し、弁護士にまでなったという彼に、なぜ弁護士を辞めて商人になったのですかと尋ねると、意味深長な答えが返ってきた。

「弁護士には嘘がありますが、商売にはそれがありませんからね。」

アーディル・ハッファールは、香水の卸、小売を行う商人である。香水を商うのは、五十年前にここに店開きをした父の代からであるが、バクリー・ハッファールという彼の父が、このハーンではじめて店を持った人物であるとのことである。祖父は、マカーム門の近くのニスバ通りで、兄弟と井戸掘業の事務所を持ち、注文に応じて人夫たちと出向していた。ハッファールという姓は、この〈井戸掘人〉という意味である。父も最初はこの仕事に従事していたが、仕事がきついこともあり、香水商を始めた。芝居の書割のような店の奥に四十年以上立ち尽くし、仕事に励んだこの父親は、いまでもその篤い宗教心と、長い白髭で知られている。アーディルはいま、この父親の誠実な人柄、商売ぶりの恩恵を充分に受けて商売をしているのであろう。

彼がこの店を嗣いだのは、八年前とのこと。店は小さくとも、香水のエッセンスを卸しているのはアレッポで僅か八軒だけである、と聞いて若干胸をなで下ろした。店の構えと取引高は、簡単に比例してはいないのである。現在百数十種類の香水を扱っているが、すべては輸入品で、国産品はない。大規模な花園がないため、シリアではエッセンスを採取することができない。したがって商品を仕入れるさいには、輸入商と外国の香水会社の総代理人であるワキールに頼らざるをえない。数人の輸入商とワキールを介してフランス、オランダ、スペイン等からエッセンスを仕入れ、それでアレッポだけでなく、広く国内の需要に応えるのである。

商売で馬鹿にならないのは、ハッジ、つまり巡礼の時の商いだそうである。年に一度のハッジには、宗教心の篤い少なからざる数の善男善女が、メッカを目指して旅立つが、彼等も手ぶらで旅行するようなことはしない。中東の人々は想像以上に香水好きであるが、これを目当てに巡礼者は、ここでエッセンスを仕入れ、旅先、あるいはサウディで路銀の足しにするのである。キャラバンの旅、巡礼の組合せは、古来宗教と商業を切り離し難く結び付けているのである。この特需には、父親の生き方が大きく関わっている筈である。

その他必需品である香水瓶は、これもワキールを通して、イタリア、ベルギーから取り寄せる。だが面白いのは、古い香水瓶回収専門のみすぼらしい男が、しばしば彼の店にやってきて、使い古しの容器を下取りさせていることである。これもこと容器に関しては、結構馬鹿にならない量のようである。売買に当たっても、ここでは顧客たちは容器の美しさなどを問題にはしない。問題は、それに詰まっている中身なのである。

シリアはさまざまな理由から、現在深刻な電力不足である。一般に石油、天然ガスの増産、豊富な降雨量に恵まれた農業生産物の増大といったプラスの要因があるものの、経済全体の不安定要因は数多い。とりわけ公的セクターの事業採算率は低下の一方で、政府がいかにかばっても、さすがにあちこちで批判の声が上がるほどである。またこれが足を引っ張って公務員の給料は、上昇気味の物価に比して、驚くほど低い。一般にスークの商いは、この頃どうですかと尋ねてみると、次のような答えが返ってきた。

「一九九二年の冬頃から、大分昇り坂です。お上では計れない力が動き始めたのでしょう。シリアは豊かな国なのです。」

最近政府は、社会主義圏における変化も見据えて〈政令一〇号〉を発布し、限定付きの経済の自由化案を提示している。その効果については内外で取沙汰されているが、これとどのような関係があるかを訊いてみた。

「一〇号が、直接効果があったとは思われません。ただこの傾向が、眠っていた底力を目覚めさせたようです。このように見えても、スークの力は強いのです。」

教養のあるアーディルは、人柄も良く、親切で、最初に自宅に筆者を招いてくれたのは彼である。中流の出ですからあまり立派な家ではありませんが、といって招かれた町外れの彼の質素なフラットでは、大学時代の同級生で恋愛結婚をしたという奥さんが、心からの歓待をしてくれた。住まい自体は三人の娘、二人の息子という大世帯には確かに狭いが、子供たちの立居振舞い、表情には、両親の愛情が輝きでたような、落ち着きがあった。

商人と家族構成

入口の小道の突き当りには、また小さな店が二軒あるが、説明の関係上そこを右に曲がって、倉庫を通り抜けた先の店を訪れてみよう。この店も香水、シャンプー、クリーム等を扱っているが、基本的には香水が商売の主体である。背の高い精悍な主人は、物腰は丁寧だが、その目付きには鋭いものがある。士官学校を卒業して将校の地位にあったという彼は、軍隊での未来に希望を見いだせず、昨年からこの商売を始めている。四十四歳という彼の名前は、ファーディル・ハッファールだそうである。そこで貴方も入口のアーディルと同じ、ハッファールという名前ですかと尋ねると、自分はアーディルの実の兄であるという答えであった。

兄弟して隣に店を出すなどと予想もしていなかったため、つい間の抜けた質問をしてしまったが、なるほどそのつもりで見れば、二人は良く似ている。しかし商売の方も、アーディルとそっくりそのままである。商品はすべて外国から仕入れ、扱う香水の種類は九〇種類ほどで、子供の頃に修行したために、それらをすべて嗅ぎ分けられるとのことである。話は違うが、兄弟でこれ程近くに店を構えて、競合関係にならないかと尋ねると、おうような答えが返ってきた。

「最初は弟にも迷惑はかかるのでしょうが、アーディルの商売が減ることもないし、私も私で、軍人の給料よりは遥かに良いですからね。私たちの場合は兄弟ですが、スークでは先ず仲間同士でムシャーラカという共同事業をし、資産が貯るとそれぞれ独立していくのは当り前のことです。」

確かにこれまで聞き及んだところでは、このようなケースが数多い。機会があれば、なるべく多くの者に独立の自由を与える。多極化、個別化は、ここではごくありきたりの、当然のプリンシプルなのである。資本や取引高は、一極に集中、肥大しないで、いつも細胞分裂する傾向にある。基本単位はものではなく、ひとなのである。

ファーディルも、アーディル同様三人の娘、二人の息子の父親であるが、十二歳の息子のバクリーに店の手伝いをさせている。父親と一緒の時には、この少年は目をくりくりと輝かせて、まるで子供そのものの表情であるが、ファーディルが商用で出かけるとなると、数日はにわか主人である。目付きが引き締まって、態度も肩肘をいからせて大人びてくる。いつもは父親の陰に隠れている子供が、店のまん中に座り込んで、机に両肘をつき、いっぱしの口調でこう誘いかけてくるのである。

「どうです、今日は寄っていきませんか。コーヒーを差し上げますよ。」

小さなジェントルマンに敬意を表して、このさいはわざと断わらずにコーヒーを頂くと、商売上のよもやま話を、父親そこのけのしっかりした論理で説明してくれる。筆者が父親にする質問を、傍らできちんと耳にしているのである。ところでちらりと十二歳のインフォーマントの胸元を眺めてみると、シャツのボタンが三つほどとんで、胸がはだけている。尋ねてみると、昨夜店を畳んだあと隣の子とレスリングをして、そのまま店に来てしまったからという弁解である。学校などでは学べない職業訓練、社会的自立性。中世には小さな大人がいただけで、子供なんぞはいなかったというアリエスの指摘を、深く嚙みしめたくなる光景である。責任を与えれば与えるほど、子どもたちは大地に根を張って、健全に成長していくのである。

ところでファーディルには、沢山の兄弟がいる。長兄はドイツで自動車販売のエイジェントをしていたが、すでに死亡。現在その息子たちは、父親の後を嗣ぎ、南ドイツで車の販売会社を経営している。次兄は、鉄道関係の公務員である。この人物は信仰心篤く、教養も人並以上なので、私的な宗教的修行の集まりであるザーウィヤの長である父親のあとを嗣ぐことになっている。この家系は、世襲的にこの地位を嗣ぐ家柄であるらしい。三兄は、スークで靴、サンダルの製造業を営んでいたが、二年前にブルガリアに移住して、そこで靴の工房を持っている。四番目が、この士官学校卒の香水商ファーディルである。五番目は、アアワジュではない方のハーン・ハッジ・ムーサーで、縫製業を営んでいる。二つの仕事場を持ち、四人の職人を雇用するヴェテランの仕立屋である。そして最後が、元弁護士の香水商アーディルである。

この一家の家族構成と、その職業の分布をみて明らかなのは、スタンダールの『赤と黒』顔負けの、能力に応じた適材、適所への配分である。軍人、宗教者、商人、工場主等、兄弟たちは各自の性向、資質に応じて自由に自らの職業を選択しており、その結果見事な配分が出来上がっているのである。これはこの一家だけでなく、アレッポの人々に一般的な傾向である。これに与っているのは、それぞれの子供たちの自立心のみではなく、両親の観察眼、配慮である。スークの商人たちは、先ず幼い子供たちにかなりな小遣いをやって、彼等の使いぶりを観察する。まさに「千夜一夜」の世界であるが、その巧拙によって、ふさわしい人物を商人に選ぶのである。人間には、それぞれふさわしい職業がある。商業だけが唯一のなりわいではない。ここでは、今は姿を消しかかっている、親たちの子供にたいする観察眼、拘りのない配慮に敬意を表すべきであろう。

商人たちは、自分の職業に誇りを持ってはいるものの、それに固執している訳ではない。商業が好ましければそれに従事し、他に道があれば仕事を変える。職種にしても、流通無碍、市況と好みに応じて、簡単に切り替えていく。そのよい証拠が彼等の名前であろう。一八八〇年にシリアでは、オスマーン朝により名前の登録令が出されている。例えばアーディルの祖父はこの時、アフマド・アル＝ジュナイディー・アル＝ハッファールという名を登録している。これは、ジュナイド家出身の、井戸掘業の、アフマドという意味である。ジュナイド家はこの地方の宗教的名門で、おそらくこれが小宗教集団、ザーウィヤの世襲的な長の地位とつながっているのであろう。ところでハッファールとは既に述べたように、井戸掘人の意味であるが、さしあたり日本であったならば、名前に使うほど立派な職業とは見なされないであろう。ところがこれを平気で名前に使っているのである。

そしてアーディルの父の代になると、ハッファールとジュナイディーが分化する。そして井戸掘業の父は、バクリー・アル＝ハッファール、そうでない伯父はアル＝ジュナイディーの名を採用している。だがその呼び名は固定化され、代が下がるにつれてしばしば、名が職業を示さないようになる。シリアの、とりわけスークに関わる人々には、当時の職業を自分の名前にしている者が多い。ハッファールがその一例であるが、アーディル・ハッファールはすでに香水商であり、煙草商を意味するトゥトゥンジーが雑貨商、パン屋のナーニーがステンレス食器商といった具合に変化しており、これが一致する方が稀である。職業自体が、斜めにずれ、滑っているのである。

漂泊、越境する商業

説明の都合で入口の小道の突き当りの曲がり角にある店の紹介を後回しにしたが、ここは入口のアナスの店同様、ガス器具、ランプ、バーブールと呼ぶ石油コンロとその部品などの卸、小売を行っている。この店の主人は、まん丸いひょうきんな目をした、ずんぐり太っ腹のナジーブ・カルカルで、当年四十一歳ということである。

二歳の時に父親を亡くしたが、学校に通いながら丁稚奉公をつとめ、高校を卒業して兵役を済ませ、一九七八年にここに独立の店を構えたという苦労人である。耳慣れないカルカルという言葉は、元来糸巻のボール紙でできた芯を意味するが、繊維産業の盛んなアレッポのことであるから、祖先の誰かが、それを製造する職業にでも携わっていたのであろう。カルカルとは本来、羊の群で小羊がチョコチョコ元気に動き回るさまを表現した語であり、それが転じて糸つむぎの芯がクルクル回るさまを意味するようになった、ともいわれる。

カルカルはひょうきんな上に、本当にチョコチョコとよく動き回る、この変わった呼び名にふさわしい人物である。祖先に宗教的造詣の深い、ホジャと呼ばれるにふさわしい人物がいたことが誇りで、なにかというと、この人のところに多くウラマー（宗教的な知識人）が集まったという話が出てくる。そのせいか、彼自身もイスラーム談義が好きである。祖父はニイラブ門の近くに、絹、綿等の布を織る工場と店を持っており、また郊外にピスタチオを植えてかなりな収入を得ていたという。父はベルト、バッグのような革製品の製造と商いに従事するとともに、小さな食料雑貨店を経営していたとのことである。職業が一つに限定されず、手当り次第ランダムに行われている点、職種が滑らかに変わっていることに注意しなければなるまい。

この小さな店で、彼は二人の手代を雇っている。正確には、共同経営者ということになっているのかも知れない。この国では税金が高いため、人を雇ったりはできないのである。どこの大商店でも、なるべく使用人は使わない。商いは、この店での小売は二の次で、月のうち半分は自分でダマスカス、ハマ、ホムス、ハッサケ、カーミシュリー、ラタキアなど国中どこへでも出かけていく。姿を現しては消えていくいわゆる使用人たちは、彼の広いネットワークを共同でフォローしているのであろう。彼の信条は、各地に信頼のおける相手を選び、一度相手を選んだら絶対にこれを変えないという、経営の姿勢にある。初めに商品を卸し、後で集金に訪れるが、支払に難儀する場合には絶対に無体な取り立てをしない。むしろ余計に商品を卸して、助けてやるのが長年の成功の秘密であるというのである。

カルカルは軽がるとあちこちを飛び回っているが、すでに経営の基盤は絶対に安泰であるとのことである。固定した相手が各地にいて、もうこれ以上は商売を広げたくないと、いつも口にしている。しかしよく聞いてみると、この他に灌漑用のビニール・パイプの工場を共同経営しているのである。複数の者が共同で同じ仕事をする場合は、ムシャーラカと呼ばれる共同事業方式であるが、彼の場合は、自分が工場主に資金を提供して商品の製造に当らせるという、ムダーラバ方式である。もっとも資本提供だけではなく、自分で販売を引き受けているというので、これが若干変形されているようである。

生産者兼卸商、兼小売商という貴方のような場合、一体なにが商売だといったら良いのですかと尋ねると、彼は答えた。

「タージルだよ。商人はなんでもするんです。貴女のように、そうきっかりきちょうめんでは、商人がいなくなってしまう。」

卸商、半卸商、小売人、ワキール、生産者、半生産者といった区分けをして、貴方はどれに携わっているか等と厳密な定義を求めると、下手をするとそのほとんどに該当してしまう。聞き取りの初めの頃それでもしつこく食い下がると、カルカルは困ったように向いのアーディルに助けを求めるのである。

「この人は、一体なにが聞きたいのかね。お前なら良く話しているから解るだろう。」

するとアーディルもいう。

「商人には色々いるのですよ。私の場合は分類は簡単だが、色々いても皆商人なのです。」

さまざまな共同事業

カルカルの隣りも、ハッジ・アリー・イブン・マフムード・ナイラビーという老人と、ナーゼム・ドゥンヌという若者の、ムシャーラカ方式共同事業の小さな店である。ナイラビーは、もちろんナイラブ門（通称ニイラブ門）にちなんだ呼び名であるが、これは彼の祖父、父がニイラブ門の近くで絨毯商を営んでいたことによる。ひとは皆、公営企業の職員を勤めあげた、いかにも敬虔なこの老人を、発音の簡便さからニイラビーと呼んでいる。若いドゥンヌの方の名前は、羊の首に吊す鈴の音ドゥンドゥンの意から転じて、コーヒーの豆を潰す時に立てる音という意味らしい。

取り扱っている商品は、プラスチックの買物籠、ステンレスの盆、洗濯ばさみ、一〇キロ用の秤、ハンガー、鍋、床掃除のモップ、トルコ・コーヒー沸かし、掛け時計等さまざまである。これがなに屋であるか、まことに定義が難しい。ねじれ、よじれは窮まって、商品までもが分類不可能である。そのせいか、他の店に比べて客の数は少ないが、ここも地方での卸が主な収入源のようである。敢えて職種からいえば、卸、小売、行商ということになる。若いドゥンヌが、月に四、五日地方に行商に出かけている。


この店の隣と、香水商のファーディルの隣には、化粧品雑貨と、日用品雑貨の店がある。主人の名前はそれぞれジャマール・ザーイドと、ガッサーン・ファットゥーフである。ジャマールの店は、最初に聞き取りを拒否されたため、わざとその後は訪れていない。調査をするならば、証明書を持ってこいという命令口調なのである。こちらにはアレッポ大学の証明書がない訳ではないが、これを見せびらかすのは下の下であろう。これはそのままにして、なにか困難が起これば、それを観察するのも楽しみである。すでに大方の商人たちが、味方についているのだから。

六人兄弟の長兄であるガッサーン・ファットゥーフは、二人の弟とこの店を共同経営している。他の三人は洗剤工場の共同経営者で、その製品はこの店のみならず全国で大々的に売られており、スワイカ・アリーで一、二を争う程の大商人だという評判である。

ファットゥーフの隣の店は、打って変わって友好的である。ただ通りかかって視線があっただけで、若い主人がお寄り下さいという声をかけてくる。間口はそこそこだが、ほとんど奥行きのない店はステンレスの容器で一杯である。この店は、マフムード・ナーニーとムハンマド・ラビーウ・サンマーンという二十九歳、二十八歳の二人の若者の共同経営である。この二人は子供の頃から机を共にした親友で、バカロレア（大学入学資格）を取得し、兵役の義務を果たしたのち、二年ほど前にここに店を開いている。この二人は、事務机を入れた後では畳一畳分しかない場所に客を呼び込んでは、話し込んでいる。現在はサンマーンの弟の、ヤーセルという十五歳の子が店の使い走りをしているが、しばしば彼の居場所もないほど客が押し寄せている。小さなこの店には、ときおり応援団が押し寄せる。かっての同級生たちなのであろう。椅子を一〇脚ほど店の前の狭い通りに広げて、賑やかに談笑している。

ステンレスの食器類、やかん、鍋、盆、灰皿などのほかにガス器具、若干のプラスチック製品、これもプラスチックの椅子等を商っている彼等に、景気はどうですかと訊いてみる。するとナーニーの若々しい、自信たっぷりな答えが帰ってきた。

「去年、今年と沢山雨が降りましたからね。この国では雨がよけいに降れば、それだけ農業生産が上がります。農産物が増えれば、農民が豊かになります。彼等は豊作の年に日用品を多く買い、息子や娘を結婚させせます。」

政府が農業をきわめて重視してきたことはすでに述べたが、気候条件が極度に悪いために、依然として灌漑設備等の不備から、この国では農産物の安定した収穫は望めない。風が吹けば桶屋が儲る式の論理が、ここではそのまま通用するのである。石油、天然ガスの生産量も上がっているし、政府の経済自由化の姿勢も影響して国の経済全般が上向きになっているが、こういうことも関係があるかと尋ねると、こう答えた。

「そういうことはよく解りませんが、はっきりしているのは政府の姿勢がどうであっても、そんなことには関わりなくわれわれ商人は、立派に商売してきているのです。あまりお上のお世話にならないで……」

屈託のないナーニーは、こちらの質問にはなんでも拘りなく話をしてくれる。この店の権利を買うためにかかった費用、店の家賃、手にとるように教えてくれる。敷金は数十万リラだが家賃は年間で二千リラ、五十ドル弱で、結構安い。仲間のサンマーンは去年結婚しているが、貴方の場合はどうかと尋ねると、いたずらっぽく笑っていう。

「結婚には、店を開くのと同じ位かかるのです。ここでは男性が家を用意しなければなりませんが、ちょっと遅れて損をしましたね。不動産がこの一年で、倍程になりましたから。まだまだですよ。」

しかし彼の表情には、すこしも暗い影はない。相棒のサンマーンは、その名が示すように動物性の食用油を扱った商人の末裔である。彼の祖先は何代か前にイラクからここに移ってきたらしいが、祖父はラクダや羊の売買に携わり、農民に乳製品、動物性の油を作らせていたらしい。ハーンを一つ持つほどの豊かな商人だったということである。金持ちの家系に生まれたサンマーンは、親のバックもあって早く結婚できたのであろう。ナーニーの方は、ナーンがパンを意味していることから明らかなように、元はパン屋だったらしい。祖先の出はトルコだとのこと。親からの資産はあまり期待しえないようだが、資本の大小に拘わらず、友人同士で仲良く商売を始めているところなど、なかなか清潔である。

立ちいって聞いてみると、彼等はある工場のワキールであることが解った。香水商のアーディルがそうしているように、外国からの輸入製品を商う場合、どうしてもワキール、要するに総代理人（ソール・エイジェント）を通さなければならない。しかし彼らの場合は、これとは別の国内製品に関わるものである。ユースフ・ハリーリーというパレスティナ人の工場が生産する製品を、彼等が一手に引き受けて売り捌く訳であるが、これが彼等の商いの多くの部分を占めるのだそうである。

そのような契約は書面で行うのかと尋ねると、これまでの慣行ではすべて口約束であったが、だんだん約束を守らない人間が出始めたので、きちんと書類を交わす例も増えてきているとのことであった。この時は予想外に堅ぶつのサンマーンが、机の引出しから自分たちの契約書を見せてくれた。彼等の場合は一年契約で、この間製品の売買をナーニーとサンマーンの二人に委ねる意味の文章の後に、工場主と当事者の二人、それ以外の二人の証人の署名がしてある。証人の二人は誰かと訊くと、ワキールの側の友人たちであるらしい。大事な商売なので書面を交わしたというが、他の商人たちに訊いても、最近の商人は昔のようではなくなったという苦情をよく耳にする。少しずつかっての良き慣行も変わりつつあるのであろう。しかしアレッポの商人に関する限りは、彼等の間ではまだまだ口約束が圧倒的に多いようである。ずぼらなインシャーアッラーでは、商業は立ちいかないのである。

何回か店にいって気づいたことであるが、この仲良しが二人でいることは滅多にない。相手はなにをしているのかと尋ねると、ようやくそこに気づいたかといった口調でいうには、この二人のパートナーは、毎週交代で一人が地方に卸の行商に行き、もう一人が店番をしているということである。ワキール、兼卸売、兼小売、兼行商と彼等の場合も、商売はきわめて多角的である。ついでにワキールの仕事の内容について触れれば、彼等はたんに製品の販売だけではなく、顧客たちの要望を聞きながら、商品の簡単なデザインにまで関与しているという。できる限りのことは、なんでもやってしまうのである。このシステムは、合理的といえば大変合理的なものではあるまいか。

二人がいないときには、サンマーンの弟のヤーセルがにわか主人になる。彼もファーディルのところのバクリーのように、主人になると急に態度が改まる。どうだ私の主人の時にやってきてみないかといわんばかりに、お茶を甲斐がいしく淹れてくれる。彼のいうところによれば、現在の仕事は気に入っていないらしい。いつも商品の運搬など結構厳しい仕事をやらされているので、仕事が辛いからかと尋ねると、そんなことはない、人間生きていく限りできるだけの仕事はしなければならないから、などと殊勝なことをいう。本当は自分は縫製の仕事が専門なのだが、いまもう一人の兄が兵役中で、この兄が帰ってきたら好きな仕事で商売を始めるそうである。早く一人前になって、自分の店を持ちたい。ぽつりというこの十五歳の子供には、自分の未来にたいするけなげな自覚がある。この小さな大人の自覚と労働は、幼児虐待、酷使といった考えで簡単に割り切れるものでは決してない。

商人の自己抑制

これまではハーンの入口に近い店を順次紹介したが、やや奥まったところにある次の四軒は、商売の歴史、資金力といった点でやや格が上の老舗である。

袋小路の奥の右手にある店の主人は、ムハンマド・アブドッ＝ラッザーク・シュバーレクという三十一歳の青年である。彼は二十年来の友人というムハンマド・サーリーという二十七歳の若者と共同事業を営んでいる。表は事務所になっているが、その奥と、右手に小規模であるが工場を持っている。資産としてはシュバーレクが事務所、工場を提供し、もう一人が機械を提供するかたちになっている。

現在婚約中であるという若主人、シュバーレクの祖先は、五、六百年程前にマディーナ（メディーナ）から移住してきたということである。彼の祖父は、当時セメント業に目をつけて巨富をあげ、アレッポ郊外に広大な土地を所有している有名な資産家である。アレッポの商業会議所は、一九三〇年代から七〇年代にかけて、結構立派な年報を出しているが、そこにはランクづけされた商人たちの名簿が載っている。一級、二級に分類される商人は、この小さなハーンにはほとんどいないが、彼の父親だけは別格である。現在は彼自身も、アレッポでは一流の資産家だけが住むシャフバー地区に住んでいる。

現在彼の営んでいるのは、手袋の製造業である。この仕事は彼の父親が一九七〇年に始めたもので、それを息子が引き継いだかたちである。入口の事務所は、それだけで通常の店の広さがある。その奥の一室を仕事場に当てていたが、今はそこを倉庫にして、店の向かって右手にある広い空間——昔は商品の倉庫だったのであろう——に機械を置いている。機械は日本製で、彼はこの使用法を修得するために、日本で三か月の研修を行っている。たった一台のこの編機は、年中無休で二四時間操業しており、三人の職人が交代で働き、学校が休みの時には二人の子供が手伝いにきている。製品は指先のない手袋で、一組八分の割合で自動的に生産され、完成した手袋の余分な糸を切り、セットにして束ねるのが仕事の一部である。ロスはゼロだということであるが、これが彼を大の日本びいきにしている原因でもある。

製品のデザイン、色等はシュバーレク自身が決めるが、現在の指なし手袋は、色違いのものを三種類それぞれ三か月ずつ製造し、冬にはマフラーに切り替えているとのことである。販売はワキールに任せており、製品はすべて国内で捌けているという。彼の場合ワキールとの契約は、五年を単位としており、この契約内容は詳細な取り決めがなされているというが、このワキール契約は口頭である。例えば年間の製造量は、機械の規模から概算可能であり、ワキールはその数量の販売を向こう五年間引き受ける。万一市況が思わしくなく、売行きの悪い場合には、ワキールが売れ残りの製品を引き受けることになる。ただし契約にこのような不測の事態に関する条項がある場合には、それに準ずる。

シュバーレクの生きざまは、スークの中でも一際変わっている。十分な富を手にして、実に悠然としているのである。彼は業種からいえば、むしろ数少ない単純な生産者である。たった一台の編機が作っているのは、指なし手袋という特異な商品とマフラーであり、冬物のごく一部に限られている。仕事のロスは全くなく、日本の機械は最高というこの裕福な家庭の御曹司に訊いてみた。貴方はなぜもう一台、二台と機械を増やして、収益を増やそうとしないのですか。すると彼の答えはこうである。

「コップに水を汲むとします。コップは一定の量は受け入れますが、それ以上水を注げば水はこぼれるだけです。商売もこれと同じでしょう。無駄なものを作ってみてもなんの役にも立ちません。手袋などというものは冬物で、シリアは冬が短いですから、それほど需要もありません。沢山作りすぎても、売れはしないのです。わが家の稼ぎはこれで十分なのですから、なんでこれ以上あくせく働く必要があるでしょう。」

資本力、可能性からみれば、彼はいくらでも商売を拡張する力を持っている。だが明らかに最小の稼ぎで満足しようとしているのである。シリアは夏が長いのだから、夏物の製造にターゲットを絞れば、現在以上の利益を上げられることは必定である。しかし彼は敢えてこれをしようとしない。それは、なぜなのであろうか。想像を逞しくしてみれば、彼は十分な資産を投資して、他の領域で稼ぎを増やすことに忙しく、実業などにかまけていられないのかも知れない。だがよしんばそうであるにしても、彼の企業意識には、世俗的利益の追求をひとかわ超越したところがあるといえよう。厳しく自己抑制するタイプの人間は、中東世界にはごく稀であると思われるが、少なくともここにはその実例があるのである。

現在シリアでは、正直のところ、ワキール制はむしろ敬遠される気味合があるのが実情である。経済情勢はむしろ逼迫しており、ワキールなどという間接的な商人を介在させるより、その分の利益をいささかでも手に入れるために、人々は直接的な商売をすることに必死なのである。だが彼はなんの拘りもなく、生産は優秀な機械と労働者に任せ、販売は簡単にワキールに委託しているのみである。最小の努力で、最小の必要を満たすことに満足する。これもアラブ・イスラームのある種の賢者の生きざまなのであろうか。聖人、君子然としてはいないが、抑制の効いた彼の生きざまは、矢張りこの世界の一つの典型なのであろう。この貴公子然としていない貴公子は、このハーンにおいて矢張り人々の秘かな尊敬の対象となっている。既に述べたように、現在のシリアでは大いに電力事情が悪く、毎日長時間の停電が続くが、彼はハーンのすべての店に、自家発電により無料で電力を供給しているのである。

共同経営者のサーリーの父親は現在も存命の、材木商であるとのこと。二度結婚して八人の息子、五人の娘があるというから、かなりの子沢山である。彼自身は男兄弟の五番目で、兄たちはすべてトルコに住んでいる。親元にいる男兄弟では一番年上で、すぐ下の弟はイスラーム銀行に勤める銀行員、その下は農業技術者、一番下の弟はまだ学生である。トルコに住んでいる兄たちは、すべて先妻の子なのであろうか。そこまでは尋ねなかったが、アレッポの人間に限らずシリア人は、日本人などとは違って平気で外国に移住する。少し教養のある家庭では、家族の誰かが外国に移民してその地で成功している。ヨーロッパ、北米、南米に移民が多いが、最近移民者のうちの大臣、次官級の人々に呼びかけたところ、百数十人もが集まったといわれている程である。これが中東、アラブ・イスラーム圏となると、どの位に膨れ上がるかも解らない。ここの人々を、単純に国境で区切ることはできないのである。元来中東世界は、というよりはイスラーム世界は、国境のない世界だったのである。西欧起源の国民国家などという考えが、ある種の人々にとってとんでもない迷惑であるということを、少しでも考えようとする人が少ないのは困ったことではなかろうか。少なくとも現在の国家論に関する議論の要請するところでは、黒ぐろとした囲い込みの国境線を、点線に変える位の思想的な営みがなければならない筈である。

サーリーは、黒ぐろと髭をはやした敬虔なムスリムで、宗教談義を好み、暇があれば近所で最近読んだ本や、記事について特定の人間と議論している。シーア派のイマーム制の考えなどはまったく困ったもので、もっと頭を冷やしてくれなければ……その点シリアの正統派《スンニー》は……そこで筆者もイスラームの経済観について教えて頂きたいと尋ねると、なんで貴女はわれわれの宗教に関して、そのような世俗的な興味を持つのかとたしなめられる。そこで若干のイスラーム経済の本について名前を挙げ、それとスークの経済との関係などについて話し始めると、それは二の次、先ず大切なのは心の問題、信仰心の問題だという答えが返ってくる。そこでイスラームには〈利益〉について三つの分類があるそうだが、例えばファドルの利益と、ナサアの利益はどう違うのかと尋ねると、もちろん解らない。よろしい、この次までに調べてあげようと、まるで相手を素人扱いである。それでも秘かに、あちこちに良い参考書はないかと尋ねてくれているらしい。奇妙な外人の知っていることを知らないと、こけんに関わるらしいのである。

働きずくめの経営者

シュバーレクの隣は、アドナーン・シャンマーウの店である。この店も間口は広く、奥行きのある店構えであり、ハーンでは見るからに実力ナンバー・ワンといった風情である。さまざまなガス器具の部品、ナイフ、ビス等を商っているが、商品はきちんと整理されてカウンターの後ろに並べられており、店員が注文に応じて品物を取り出し、客に売り渡す方式をとっている。誰でも品物を手にとって眺めまわすといった、ざっくばらんなところのない、いかにも老舗らしい店である。この領域では全国的にかなり知られた専門店らしく、さまざまな身なり、服装をした、色々な地方からの顧客でひっきりなしに賑わっている。シリアが人種の坩堝であり、単一言語、単一民族の日本の場合とはきわめて異なる点については是非とも次のような基本的な事実を指摘しておかなければなるまい。

錯綜した歴史の結果、人種的にはアラブ、チェルケス、クルド、トルコマーンといった雑多な人々が生活している。言語的には、アラビア語、トルコ語、クルド語、アルメニア語、シリア語が関わっている。宗教をとってみれば、それこそ実に数多い。まずイスラームとキリスト教に大別されるが、前者にはスンニー、一二イマーム・シーア、イスマーイール、ドゥルーズ、アラウィーの各派が見いだされる。キリスト教はそれに輪をかけて多数で、ギリシャ・カトリック、ギリシャ正教、シリア・カトリック、シリア正教、アルメニア・カトリック、アルメニア正教、ローマ・カトリック、プロテスタント、マロン・カトリック、カルディア・カトリック等があるという具合である。現在では数少ないとはいえ、ユダヤ教徒も存在している。正に百花繚乱といった状態であるが、この種の雑多な要素を容認し、存続させていること自体に、イスラーム文化の特殊性が認められるであろう。差異的なものを差別することなく共存させる人々の生きざまを、典型的に表現している例が、彼らの服装の多彩さである。流行などにはさほどこだわらずに、人々は各自の文化的背景、郷土色を強くにじませた衣服をまとって闊歩し、同時に他人のことを気にしたりもしない。要するに一見しただけで、およそどのような出身ということがすぐに解るような服装をして、簡単に流行に迎合したりしないのである。

シャンマーウとは蠟燭作りの意味であるが、祖先がこの職業に従事していたか、否かは明らかではない。店を訪れ自己紹介すると、それはようこそと奥の小さな事務室に通される。自分はムスタファーという使用人だが、尋ねたいことがあればできる限りお答えしますという、三十歳前後の若者の応対ぶりはこの店の格を示している。調査の必要があってまず商品の内容、仕入れの方法等をおうかがいしたいと希望を述べると、彼は懇切に説明してくれ、おまけに奥の倉庫にまで案内してくれた。〈開けゴマ〉ではないが、なんでもない棚を回転させると後ろには幾部屋にも分かれた物置場がある。仕入れた品物が、なんでもとってあるのである。

「輸入が制限されていた頃は、ずいぶんここの在庫品で息をつないできました。はやり、すたりはあまり関係ありませんから。」

スークのあちこちで認められるのは、この現象である。資本主義経済の場合と違って、ここでは売れ残りの商品がお荷物にはならない。大量生産、在庫整理といった悪しき回路とは無縁なのである。資本回収のために、売れ残りを大安売りで捌いたり、裁断してしまうようなことは、例外を除きほとんどない。競争が激しく、流行が問題になる繊維製品のようなものには、売れ残り商品を買い集め、地方に安く卸すバッラートという下取り商人がいるようである。しかし多くの場合、このような現象はあまり見られない。しかもこれは、欠乏の経済ゆえの現象ではなさそうなのである。生産から、消費に至るまで一度作られた商品のステイタスは、きわめて安定しているのである。

シャンマーウの物置場には日本製の刃物も並んでいた。「これに現地の木製の柄を付けて売るのです。」これが結構なヒット商品で、大変人気があるとのことであり、ムスタファーがこの取り付けの実演をしてくれる。外国生活の経験のある方はご存知であろうがナイフ、包丁の類は、微妙に生活文化を反映しており、日本製のものが手に入るならばまさしく幸いである。こんなところに国際化は入り込めないし、また入り込ませてもいけないであろう。自分も一つ買い求めたいと所望すると、どうぞお持ち下さいという答えである。どうやら、ただで差し上げるということらしいのである。ご好意は有難いが、生業に関わるものを頂くことは自分の流儀に反するのでなどと、懸命にお断わりするがムスタファーは頑として後ろに引かない。結構値の張る品物なので、貴方に迷惑をおかけしても悪いし、たとい貴方に裁量権があるとしても、御主人がなんと思われるか。押し問答をしている最中に、丁度中年の当の主人が店に入ってきた。アレッポ大の経営学の先生であるというシャンマーウは、快く次のアポイントメントを約束してくれ、有無をいわさず和風ナイフを献呈してくれた。

翌日定刻にここを訪れると、すでに主人が奥まった事務室で待っていてくれた。正面に長い髭をはやした老人の、古びた写真が飾ってある。話によればこれは店の先々代に当たる祖父で、モロッコのマラケシュからアレッポに移住してきたという。今は故人で大モスクの近くに陶器、食器の店を開いたが、道路拡張のため五〇年代の前半に、父が現在の場所に店を構えたとのことである。祖父は宗教に絡んだ政変で友人たちと共にモロッコを去り、彼はアレッポを選んだが、他の人々はイスタンブールに居を構えたそうである。親戚の一部もトルコで生活しているが、ほぼ音信不通である。国境を越えてひとが漂泊している。

「伝統経済ですって。あまり流行らないテーマですね。スークでも昔ながらのしきたりが少しずつ変わってきていますが、全然変わらない部分もあります。大学で教えられているのは、皆現代流のものばかりで、古いものの分析はまったくありません。しかし私は商業を実践している人間なので、できる限りの情報は提供させて頂きましょう。確かに伝統経済には、素晴らしいものが沢山あります。」

自分はムスリムだ、キリスト教徒だなどと拘らないのが、アレッポ気質の良いところである。しかしそれは決して、自己主張を欠くということではない。商業のしきたりを語るシャンマーウの言葉の端々には、イスラーム的な心情、判断がみなぎっていて、むしろ爽やかである。店の主人たちの、朝のティー・パーティー、木曜日の喜捨等の良きしきたりに関しては、彼の適切な宗教的な解説が伴う。システムとしての伝統経済を導き出すために、筆者が敢えてその部分を語らないだけである。

ガス器具とナイフなど相変わらず奇妙な取り合わせであるが、貴方は卸商であると同時に小売商なのですねと尋ねると、また意外な答えが返ってきた。仕事盛りのシャンマーウは、その上に二つの工場の経営者なのである。一方はドアの取っ手等の建築資材の製造、他は最近ブルガリアから仕入れたコンピューター操作によるタイル製造工場である。卸商兼小売商、兼工場主、兼大学教授。職業の障壁を一人で打ち破る、すさまじい働きである。一つの職業に集中し、それを肥大させるのではなく、分散的拡大を計る。この分業化の本性は、明らかに西欧で発達したような機能的な分業化とは、大いに質を異にしている。これもまた、ここの商工業活動の秘密を解く、一つの大きな鍵であろう。いま一つ述べておかなければならないのは、工場経営に関しては彼のパートナーが、アルメニア人のキリスト教徒であるということである。

「商売には、宗教の違いなど関係がありません。イスラームは、もともとそういう教えなのです。」

宗教的な態度をはっきりと打ち出す彼は、こともなげにそういってのける。確かにそうなのであろう。これを聞いた時には、ギーアツの重要な指摘を噛みしめざるをえなかった。差異には、差異性を強調するアスペクトと、協調をもたらすアスペクトの二つがある。彼によれば商売は、この後者に属するという。ギーアツはこの点を指摘しているだけで、それ以上詳しい分析を行ってはいない。しかしこの主題は、イスラームの社会的伝統、ないしは伝統的経済について考える上では、きわめて有益な概念であろう。

シャンマーウ家には、三人の息子と一人の娘がいる。長男のザキーは、現在ブルガリアの大学でコンピューター・メカニックを学んでいる。次男のザーヒルはバカロレアを終えたばかりで、大学では商業か法律を学ぶ予定であるという。すでに店で立派に父親代わりを務めている。三男のジュードは小学生で、まだ話ぶりもあどけないが、ムハーファザという住宅地域の家に遊びにいくと、甲斐がいしく母親の代わりにお茶やお菓子をサーヴィスしてくれる。末娘のナディーンは、親の足元にまつわりついて愛嬌を振りまくだけのまだ全くの小娘である。大学では法律を専攻したという奥さんは、子供を育て上げたので、大学院で再び研究を続ける積もりだそうである。アラブは怠け者だなどという話は、この家ではまったく通用しない。アレッポの商人に総じていえることであるが、彼等は実によく働き、そして巧みに休暇を取っている。シャンマーウは地中海沿岸に別荘を持ち、週末にそこで身体を休めては豪壮な自宅に帰り、仕事に精を出している。

ヴェテラン商人の風格

シャンマーウの店の隣は、ムハンマド・ヌーリー・バワードクジーという三十九歳の香水商である。バワードクジー家はサウディ出身の、二百年も昔から続く香水の老舗で、親族の多くが同じ商売を営んでおり、アレッポのあちこちにこの名を名乗る香水店がある。これらは貴方の店の支店なのかと訊いてみると、そうではないようである。バワードクとは金を溶かす坩堝のことで、これから察するに先祖の誰かが金を扱う商売に携わっていたかと尋ねると、その可能性もあるが、詳しいことは解らないらしい。従兄弟、又従兄弟など、遠い親族が多く同じ商売をしているが、親戚付き合いはあっても、仕事の上ではまったく無関係であるらしい。

ここの当主はいかにも良家の出にふさわしく、気品のある面だちをし、身のこなしも優雅である。客のいないときなどに、じっと空を見上げるこの貴公子の碧眼は、心なしか高貴な憂い、物憂さをたたえており、スークでは一際変わったキャラクターである。三人兄弟の末弟で、長兄は大学教授、次兄は技術者とのこと、ここにもすでに観察したように見事な職業の配分がみられる。彼はまた、シャンプー、オーデコロンの製造工場を次兄と共同経営している。

その隣は、サッラーフ・アッ＝トゥトゥンジーという五十五歳の、いかにも成熟しきった風格を漂わせた商人の店である。トゥトゥンジーとは煙草売りの意であるが、彼が現在扱っているのは化粧品、日用雑貨である。狭い店の中には、ひっきりなしに顧客が詰めかけていて、聞き取り調査どころの騒ぎではない。合間をぬって話をすると、祖先は生粋のアレッポの出であるという。先代は七十年前に別のところで同じ様な店を持っていたが、故人となり子供たちに遺産分けをしたために、その店が一人の娘の所有となり、彼女には男手がないため、現在そこは閉鎖されているそうである。厳格な遺産の配分は、女性にもきちんと適用されているのである。他国の場合であれば三人の兄弟が、このような配分に簡単にクレームを付けそうなものであるが、そのような事態が起こらないのは、まさにイスラーム法のなせる業なのである。これらの兄弟は皆メディーネで店を持っているが、サッラーフは四十歳の弟と三年前にここに店を構えている。

この店の主人はなかなかの人格者で、その上に独自の教養を備えている。

「いいですか。商人というのは、ただ物を売りさえすれば良いと考えていてはいけません。大学での教授の資格と同様、さまざまな段階をマスターした者だけが、本当の商人といえるのです。」

こういいながら彼は、タージル（tājir）というアラビア語の解説をしてくれた。商人を意味するこの語は、語学的にはt、’、j、rの四つの要素に分解される。それは次のような意味あいから成っているというのである。

t＝taqwā　神をおそれ敬うこと

’＝’amānah　誠実さ

j＝jur’ah　勇気、進取の気性

r＝raḥmah　慈悲心

この四つを兼ね備えていなければ、真の商人ではないのである。聞き取りをしている最中に、相変わらずこの店に多くの客が現れ、彼等もまったくその通りだとうなずきながら、主人の話を拝聴している。貴女の研究には、そういうことが取り入れられるのかなどと、厳しい質問をする客もいる。このようなことが商売を通じて確認されるならば、これに増した人生教訓はない。

するとある教養のありそうな客の一人が、筆者をテストするように話しかけてくる。

「貴方はタージルの他に、トゥワイジル、フルウッ＝タージルという表現を知っていますか。」

すると主人が、そんな馬鹿なことを教えるのではないと、この客をたしなめている。トゥワイジルとは、アラビア語でタージルの縮小形なのでなんとか推測がつくが、最後のフルウという言葉は残念ながら筆者の知識を越えている。考え込んでいると、すぐに解説が施される。

「商人にも、小商人、ワル商人といろいろいるのですよ。」

すると客たちの間で、活発な議論がもちあがるのである。わざわざ日本から真面目な研究をしにきた人に、そんな馬鹿な話は必要がない。いやこの頃はワルが沢山いるのだから、そういうところも話してあげなければいけない。いやメディーネには、特定の場所を除いてそんなワルはいない。そんなワルがいるのはどこだ。あそことあそこだ。いやあそこはそうかも知れないが、もう一つは別だ。かんかんがくがくの議論で大騒ぎのうちに、また客がやってくる。商売の邪魔をしてはいけないので、また暇なときに参りますといって店を出るが、なかなかここでは暇なときがないのである。この店の主人には、人々の間で特殊な信望があるのであろう。

既に述べたように、ハーンの一階は元来遠来の商人たちとの交易の事務所、商品の倉庫、厩等に当てられていた。一階の商人たちの説明を終えたあとで、かつては旅人の宿舎に当てられた二階を本拠にする人々の紹介に移ることにしよう。とりつきの小路が突き当たった裏側に、二階に上る小さな階段がある。その奥にはホテルの多くの客室を仕事場にした、ファルーク・マナーフィヒーの事務室と工房がある。

マナーフィヒーとはふいごの使い手、ないしは家畜や人々を呼ぶ笛を意味するが、その名の由来は定かではない。彼は九二年までは、兄と共同経営で一〇人から一五人を使ってシャツ、パジャマの縫製工場をやっていた。しかしこの分野での仕事が思わしくなく、現在では父親がかつて専門にしていた粉ふるい器の製造に戻っている。農業国であるこの国において、丸い木製のたがに金網を張っただけの製品も、かなりの需要があったのであろう。彼らは工房、事務室、倉庫等八室を使っており、資産からすればかなりのものである。しかし現在の技術革新の結果、この需要が頭打ちであることは明らかである。人手を減らし、代わりに中国辺りから材料を輸入して、衣紋掛け等の簡単な製品を作って卸売をしている。縫製業から伝統的な日用品製造への切り替えなど、製品を斜めに切り替えているところなど、筆者にとってはまことに面白い現象である。彼の職業を規定すれば、半生産者兼卸売商ということになろう。

でっぷりと太ったマナーフィヒーは、冗談好きの陽気なおじさんである。彼は二人の妻を持っていることが自慢で、最初の妻に一二年間子供ができなかったので、二度目の妻をめとっている。間もなく二人の妻はほぼ同時に子供を身ごもったという。二人の妻が仲良くやっているさまを、面白おかしく表現するときの彼は、モリエールのフォルスタッフ役さながらである。

腕一つ頭一つの独立

ハーンの中庭の奥には、コの字型に連なった多くの小部屋に導く狭い階段がある。その奥の一室に金細工の工房を持っているのが十八歳のマーゼン・アジュルーンである。祖父は羊飼い、父は石工という彼は早くから学業を諦め、金細工の丁稚に入った。通常は一応の技術をマスターするのに六年はかかるそうであるが、芸術家肌の彼は三年で修行を終え、昨年ここで独立した。日本ではあまり知られていないが、アレッポの独特の金細工は、中近東一帯、ヨーロッパ、アメリカで有名であり、とりわけアラブの女性は昔からこれを好んで身につけている。流行のはやり、すたりはあっても、一つは持っていたいというのがここの金細工の鎖である。

素人には解りかねることであるが、彼の技術は一流のものらしい。今は金銀細工商から直接に注文を受け、製品を作っているが、徐々に手持ちの金の量を増やし、自分の材料を加工して商人に売るのが出世の道だそうである。単なる生産者から、商人へと段階を登りつつあるのである。四人兄弟のうち長兄は軍人、次兄は法学部の学生であるが、十八歳の彼はすでに三人の見習いを従え、実業において意気軒昂としている。この間に貯えた金は一キロ程であるという噂である。

マーゼンが当面の目標としているのは、同じ階のはずれに仕事場を持つアブー・アリー・マダーラーティーである。彼は三年前に、ここに金細工の工房を開いたが、現在は一五、六人ほどの見習いを養成中であり、四年から五年の間に一人前にするそうである。金細工師の丁稚、見習いは伝統的に、無給という習わしであるということであるが、それもあってか一番手広く商売をしている。金資本は、また聞きであるが一五キロといわれている。


ハーンの二階には小さな独立の職人たちがいるが、彼等のすべてについて言及する暇はない。最後に少し変わったケースとして、アンマール・タッバーフの例を挙げておこう。彼は香水商アーディルの親戚で、駄菓子の事務所を持っている同じ親戚のフサームとのムシャーラカ方式により共同で事業をはじめた。彼らは自分をニスフ・ムンティジュ、半生産者と呼んでいる。彼らの事業内容は、菓子を仕入れ、それを自分のデザインした容器に詰め、新製品として売り出すのである。新製品は、自らの創造力と、需要情報のたゆみない収集の結晶として開発されるのである。年間に四つか五つの新製品を提供しているということである。

一例を挙げれば、鉛筆のような細長い管に、面白い運動をする人形を取り付け、中に金ぺい糖のような菓子を入れる。この新案特許製品は、結構子供たちに人気があるようであるが、これをワキールとして独占的に全国に卸売をするのである。これだけのことでよく商売が成り立つと思うのだが、結構稼ぎは良く、すでに充分な資金ができたので、二人はそれぞれ独立したのである。

以上ハーンの人々の商売ぶり、ひととなりの一面を、煩瑣をいとわず多くの例に基づいて記述した。これで明らかにされたことは、資本の多少に拘わらず多くの参加者たちが、双六ゲームのように、自分に可能な限りの仕事に従事している点である。見習、使用人、職人は、少しずつ産を貯えて小さな工房、店を出し、能力と機会に恵まれれば、外れの地域から中心街にうって出る。このゲームでは〈上り〉が問題ではなく、参加すること、動き、志向性だけが問題である。またそれぞれは自分自身の順番を持っており、不当にそれが無視されることがない。産をなした者が、資力によって周囲の店舗、土地を買い足していくといった拡大、拡張の傾向は、ここではごく僅かしか見あたらない。巨富を上げた者が、大きなクォーターを買い上げるという例はない訳ではない。しかしそれもハッジ・ムーサーの場合のように、ワクフとして寄進されるような結果に終わるのが常である。

第四章　伝統経済の特殊性

市場のミニアチュア――16世紀末、東イランのマシュハドで描かれたと思われるもの。(ロンドン、大英博物館蔵)

参加することの意義

アレッポの歴史、地理を概観し、ここのスークに生きる人々の商業的実践、生きざまの具体例を、一つのハーンに的を絞って説明してきた。そこに提示された一群の具体例は、それだけで既にスークの活動のきわだった特徴を明らかにしている。それはすでに指摘したように、参加の意志のある者は誰でも、簡単に加わることのできるゲームである。このゲームは、例えば一種の双六遊びのようなものであるが、それが異なる点は参加者が一つの平面に固定された始点から、図面どおりに宿駅を辿るのではなく、どこからでも自由に出発しうることであろう。路程は杓子定規の直線ではなく、ランダムに曲がりくねっており、定められているのは宿駅の数だけである。

旅人は自分の振りだしたさいころの目の数だけ歩みを進め、時には運命のいたずらによって、旅程を逆戻りしなければならない羽目に陥る。しかしはっきりしているのは、いかなる場合においても彼には自分の順番が割り当てられ、ゲームを断念しなければならないのはごく稀なケースだという点である。それを保証しているのは、参加者全員が共有している個体重視、つまり各参加者、端的には他の商人にたいする協調性と、それを巧みに支えているシステムである。このシステムが特殊の世界観、法的意識に依拠している点は後にゆっくり論ずることにして、まずは前章の調査の結果を追いながら、スーク経済の構造の分析に入ることにしよう。

スークの商人たちの具体的な取引活動を通じて明らかなのは、そこで個人が自分の能力の限りにおいて、自らに開かれたあらゆる選択肢を、職業の種類、形態に関わりなく、自由に選びとっている点である。この事実は、それ自体でかなり示唆的である。ここには参加する〈ひと〉を捨象した、ないしは人間の労働から切り離され、それを越えるかたちで抽象されたものによる、機能的な分業はない。明敏な読者は、ここがデュルケーム風の分析が妥当しない世界であることをすぐに感知される筈である。もちろんスークに仕事、職能の分化が存在しない訳ではない。多様な製品の生産に従事する職人たち。彼等がオスマーン朝の時代に百数十の職人組合に編成されていたことは既に述べたが、現在のシリアでも工業会議所、職人連盟の二つの組織に統合され、後者は三七の種目別職人連合を含んでいる。さまざまな商人のタイプ等を見ても解るように、分業は歴然と存在している。

ただし注意を要するのは分業化を司るファクターと、ひとの関係である。例えば西欧世界においては前者が優位に立ってきたが、ここの場合は事態は逆で、個人はまるごと自分のまわりに、伝統的、社会的に分化されたものを引き寄せて仕舞うのである。生産、交換の各レヴェルにおいて、各人はそれぞれの資質、能力という領域の内側で役割を選択する。その選択に当たって彼は、生物が生息にふさわしいニッチ（活動の可能性が未だに残されている未開拓の領域）を求めるように、すでに分化されたものを引き受けるといったかたちで分業を支えるのである。あくまでも活動の原点は、個々の人間である。それぞれの人間は、分業という概念、それに基づく規制、制度に準じて行動している訳ではない。それぞれの思いのままの活動は分化されたものを積極的に横断し、その総体は、むしろその結果として、それを説明するための分業という概念を要請する。とにかくここは、規範的、機能的分業論がそのまま通用しない世界なのである。この問題は、中東世界の特質を解明する糸口となり、ひいてはこの世界と西欧世界の、質的相違を明らかにする契機となりうるものであるが、まずここでは研究の実情を振り返ってみることにしよう。

伝統経済研究の立ち遅れ

これまでシリア国内の商業について論じた著作は、ほとんど異口同音にその複雑さ、多様性を指摘している。例えばいささか古い研究書ではあるが、今でもこの分野の重要な参考文献として挙げられている、一九三六年に出版され、七三年に再刊されているS・B・ヒマーデの『シリアの経済体制』は、次のように述べている。

「シリアにおける市場取引の回路にみうけられる顕著な特徴は、その多様性にある。この国の経済の他の領域におけると同様に、この分野においても原初的(primitive)なものが、近代的なものと手を携えて存在している。商品が最終的な消費者に届けられる最も重要な原初的な手段は、市（fairs）と行商人である。現代的な回路としては小売商、卸売商、コミッション周旋人、仲買人、一般商店、デパート、専門店、製造業者の代理人等である。」

このように指摘したあとで彼は、これらの一々の項目について記述的な説明を加えている。彼の指摘のうち意味のあるものは、シリアにおいて複雑、多様な商品の取引回路が存在すること、ならびにそこでは伝統的な要素と、新しい要素とが混在している点のみである。第一の点に関しては、前章ですでに検討してきたように、それぞれの商人にみられる取引形態の多様性は、そのままヒマーデの指摘する点、すなわち取引回路の複雑さと対応するものであろう。さまざまな審級において複雑性、多様性は確かに存在する。しかし著者は、なにゆえにこの多様性が存在するのか、その本性はなにかといった本質的な点について、少しも解明の努力を払うことがない。

ヒマーデは同時に、シリアに新、旧二つの要素が混在しているという当然の事実について言及している。ただしこの研究者は、イスラームの登場以降をとってみただけでも千数百年にわたる、長い時間的経過に培われてきた伝統的な経済システムを、たんに〈原初的〉という表現で切り捨てているばかりなのである。かって千年の余も経済活動の主軸であった伝統経済は、徐々に近代的な要素の浸食を蒙ってきた。それがシリアで組織的になされたとすれば、フランスの委任統治が開始される一九二〇年以後のことである。この研究書が出版されたのが三六年、フランスの委任統治終了が四五年という歴史的背景を考慮に入れるならば、いわゆる〈近代化〉の主張が最高潮にあった時代の記述として、ヒマーデのこのような発言も無理からぬところがある。ただしこのような判断停止は、いつまでも容認されてよいものではなかろう。

原初的などという表現にはいい加減にお引き取り願うとして、問題はヒマーデ分析の誤りである。上記のような記述を読んで、読者は当然小売商、卸商、コミッション周旋人等々が現代的な要素に属するものであり、伝統的なものはこれとは別物だという印象を持たれるであろう。ところでこれがまったく当をえていないことは、前章を読まれた読者には明白なのである。彼が現代的なものとして挙げたほとんどは、デパート位を除いてスークのものである。上述のようなヒマーデの指摘は、伝統的なものが完全に過去のもの、つまり原初的で消滅していたならば、正当化されない訳でもない。おそらく著者はそのつもりなのであろうが、シリアにおいてはこの伝統的な要素が、二十数年の社会主義的経済政策を経験した後の現在もなお、依然として現代的な要素と並存し続けているのである。むしろアレッポなどにおいては、こちらの要素の方が優勢なのである。

現在の経済情勢にかんがみて、当然課題とされなければならないのは、伝統的、近代的といわれる二つの要素が、どのように絡み合いながら存在しているかということの解明であろう。それを果たすためには、それぞれの要素についての正確、かつ充分な認識が前提とされることは理の当然である。

伝統的な要素を簡単に否定するヒマーデ流の近代主義者は、われわれの身の周りにも例が多いので理解は容易であるが、興味深いのは社会主義の理論家たちの、伝統経済にたいする徹底的な無視の態度である。これも考えようによっては、無理からぬところがあるであろう。一般に正統的な社会主義理論によれば、国内に不可解な伝統的要素を多く抱え持つことは、社会主義化のたち遅れ、未発達を意味する以外のなにものでもない。社会主義者にとって伝統経済は、進化の遅れの象徴である醜い尻尾、覆い隠すべき恥部そのものなのである。反面シリアにおいてこの恥部は、実際のところあまりにも根強く、侮り難いものであって、これを圧殺することは不可能であった。ならば臭いものには蓋をして、内外の関心の外に置くにしくはない。アラブ社会主義というものが、奇妙で、不徹底な社会主義であることは、つとに外部の研究者が指摘しているところである。シリアの上層部は、この恥部にいちじくの葉をあてがうのに懸命で、それを分析する余裕など少しもなかったというのが、偽らざる実状であろう。

だがこの種の無視には、興味深い他の側面がある。これまでのシリア・バアス党政権が、社会主義政権として公的セクターだけを施策の対象として、それ以外の私的セクター、これに属する伝統経済をほとんど捨て置くという態度を取ってきたことは、歴史的な経過に明らかである。しかし生かさず、殺さずのこの部分が、時移りソ連、東欧圏の経済が崩壊して、なにがしかの〈自由化〉が必要とされる現在、むしろこの国の活力源となっているのは運命の皮肉といえようか。いまこの国の生気の源となっているのは私的セクターである。低賃金に泣く公的セクターの労働者にたいして、私的セクターに働く人々が意気盛んなのがそのなによりの証拠であるが、これを裏付けるデータはそこここにある。その一例としてはシリアの対外輸出が挙げられる。この点に関しては近年、私的セクターが、公的セクターを着実に上回っているのである。

〈見捨てた子供に助けられ〉という、このシリアの皮肉な現実を完全に理解するためには、いま一つの皮肉なファクターが必要である。驚くなかれこの社会主義を標傍する政権は、これまで私的セクターにたいして、ほとんど税金らしい税金を課してきてはいないのである。一方では社会主義的旗印を堅持しているポーズを示す、一定以上の利益にたいして私企業のオーナーに九六％もの税金を課すという、厳しい規定がある。ただしこの規定は、さまざまな理由から実質的にはほとんど機能していない。そして他方では、税の取り立て方をまったくご存知ないかのように、私的セクターにたいしてはほとんど税金らしい税を取り立ててはいないのである。私的セクターは、完全に税金のお目こぼしに与っているのであるが、これは果たしてなにを意味するものであろうか。発展途上の社会主義国であるシリアは、私的セクターからの豊かな税収を期待しなかったのであろうか。

現在のシリアでは、他の社会主義国の例に洩れず、公的セクターは軒並不調で赤字に悩み、そこに働く多くの労働者は物価の上昇に追いつかぬ低賃金に苦しんでいる。他方すでに紹介したように商人たちは、ほぼ例外なく、私企業の収入の方が公的セクターで働くより遥かにましだと、豪語しているのである。国家が財政的に、税収を最も期待しえない一般の公的労働者に依存し、豊かな私的セクターを放置しておくとしたら、それはなにゆえなのであろうか。社会主義者による私的セクター、伝統経済の無視と、その結果のこの分野にたいする計らざる優遇は、現在のシリア経済を語るさいに欠かすことのできない、重要なポイントである。働けど、働けど国家に税金を巻き上げられては、たまったものではない。しかしその逆にほとんど税金が課されないとなると、意気も盛んになるのは当然であろう。さすがに政府もこの矛盾に気が付いてこの期に及んで重い腰を上げ、国連開発プロジェクトなどと協力して、私的セクター強化対策といった名目で、このセクターの検討を始めようと試みている。

以上、伝統経済と、その無視にまつわる事情を具体的に検討したが、これによりなにゆえにそれが、かくも長きにわたって分析の対象の外にあったかという理由が、明確にされたことであろう。要するに伝統経済は、近代主義者、社会主義者の目を狂わす程の変則中の変則的な存在なのである。組織的な分析が皆無であるこの領域に関して、とにかくわれわれはこれまでの欠陥を指摘しながらでも、ことの本質に迫っていくより他にないのである。

囲い込み空間の論理を超えて

ソーヴァージェの都市分析が、アレッポの街の本性をまったく捉え得ていないのは、この土地がたたえている異質のパラダイムにたいする配慮が、完全に欠けていることに由来するものである。正しい解を求めるためには、ここに存在する主要な要素、諸部分と全体との結合関係、その中での部分の配置を根本的に洗い直さなければならない。このようなかたちでの定点観測は、いずれ忘れられたこの地の経済だけではなく、ここに存在した大文明のシステムの構造を明確にすることになるであろう。

そこで重要性が喚起されるのが、すでに挙げたギーアツの研究である。彼の「セフルーにおけるバザール経済」は、三年間の現地調査に基づく人類学的業績であるが、ここにはいまだ体系を成していないまでも、ことの本質を見極めるに当たっての注目すべき観察が多々秘められている。バザールとは、とりもなおさずスークのことに他ならないが、これを研究主題としている彼においては、問題とされるべきものが、なんであるかが明確に意識されている。スーク研究の重要性とその不備を指摘しながら、ギーアツは次のようにいっている。

「結果として、インド研究によりもたらされた階層に関する概念の修正、中国研究がもたらした権力に関するそれと同様に、中東研究によりもたらされるべきであった交換に関する概念の修正は、いまだに完遂されていない。」

研究者としての優れた感覚は、われわれが依拠するに足る多くの論点を提示しているが、詩人の直感にも似た直截さをもってギーアツは、中東世界の〈交換〉の特異性を嗅ぎ当てているのである。名文家ギーアツの記述も、時に平板である。しかしそこには時折、眼を覚ますような鋭い観察がある。その第一は、彼の〈スッワーク〉に関する見解であろう。スッワーク

(suwwāq) とは、スークと同じ語根に属し、操縦する、運搬するを意味するサーカ (sāqa) という動詞の派生形であるが、一般には〈スークでものを売る人〉という意味に理解されている。しかしギーアッツの傑出しているところは、これを〈スークに足しげく通うすべての人々〉と、この語に一段と普遍的な解釈を施している点である。これにより売る人、買う人、職人、行商といった職能的な分割線に溶解現象がおき、それぞれの機能的な囲い込みが解かれていく。

溶解、融合はひとつのレヴェルに留まらない。それは売買という行為、そのものにまで及ぶのである。売る (bāʻa)、買う (sharā) というアラビア語の動詞は、この言葉に特有の奇妙な用法を持っている。アラビア語にはこの他にも、対立意味語という同一の言葉で反対の意味を表す語が、多々ある。この言語的解釈には諸説があるが、ここでは上記の二つの動詞がそれぞれ二つの意味の審級を備えていると説明しておこう。第一の審級は普遍的なもので、売買するという意味である。第二のそれは、それより一段と下がった、売る、買うという意味の審級である。ここではそれぞれの語の特殊性が発揮され、売るは売るを、買うは買うを意味する。しかし二つの審級の境界線はぶれており、その結果売るが買うという意味で、また買うが売るという意味で用いられることが多々ある。きっかりきちょうめんの、機能主義的解釈をあざ笑うかのようなこの用法は、初心者泣かせの代物であるが、この種のボーダーレスな語法を引き合いに出すギーアッツもさすがである。

売りと買い、売り手と買い手の境界のぶれに支えられたギーアッツの、スッワークに関する普遍的な解釈が前提としているのは、スークという制度を一つの全体として捉えようとする、構造的理解の姿勢である。スークとそこに参加する人々の活動を一つの総体として認識し、その上に立って参加者全員を〈スークの人々〉と規定することは、問題解釈のための大きな一歩に他ならないのである。この点を理解するために、少し彼の文章を引いてみよう。

「バザールとは人々が日々そこに集い、お互いを騙し合うことを許されるだけの場ではない。同時にバザールとは、どのような状況にあれ人が、安く買い、高く売ることを望むという真実の吐露の場である以上の意味を持っている。バザールは商品とサーヴィスの生産、消費に関する社会的関係の傑出した制度（すなわち特定の経済形態）であり、それにふさわしい分析に値するものなのである。〝バザール経済〟は、〝産業経済〟とも、〝原始経済〟とも大きく異なるものである。だが〝バザール経済〟も、両者と同様に、それ自身が持つ総体的なプロセスのすべてを、独自の、具体的なかたちでわれわれに開示する。この開示により、〝バザール経済〟のさまざまなプロセスの形態が明らかになる。そしてこの形態こそが、それらの本質としてわれわれが捉えてきた概念を変革させるのである。もしくはこの概念は、変革されるべきなのである。バザールという起源不詳のペルシャ語は、いまや英語で東方の市場を代弁するものとなった。つまりそれはマーケットという言葉自体と同様に、一つの制度の名称であると同時に分析的概念を持つにいたり、その研究もマーケットの場合と同様記述的、かつ理論的な企てへと姿を変えるのである。」

バザール経済、つまりスーク経済が、その総体において一つの制度的統合性、完結性を示すものであり、いまやそれ自体の構造的な分析が要請されているという彼の認識は、それ自体ですでにこの問題理解のための決定的な糸口を与えてくれる。スーク経済とは一つの完結した総体であるという判断は、それだけですでに、さまざまな細部の機械的、規範的分析には終始しない、問題の統合的な構造分析を要請するものである。これを欠いては、スークの真実は決して解明されることがないのである。つまり内部のあらゆる構成要素が、つねに全体との関連で存在し、理解されねばならないような関係論的な構造性は、この伝統経済を認識するための根幹の要素なのである。

全体が、部分の単純なデジタル的単位の総和でないということを示すためには、やはりすでに有名な蚊柱理論を持ち出すべきであろうか。夏の夕べ、川べりなどで見かけられる蚊柱をよく観察すれば、それぞれの蚊は皆勝手気ままな独自の運動をしているが、総体としては時々刻々形を変えながらも柱の形態を保ち続けている。伝統経済を解析するに当たって、この自己組織性の論議を援用することは、いささか出来すぎといわれるかもしれない。しかし商品、それにまつわる商業形態を主軸にした分析では、ついに解けないスークの実態と、商人たちのビヘーヴィアーを見るにつけても、蚊柱の比喩は有効であると思われる。スークの活動の基本は、蚊柱の蚊の場合のように、それを構成するそれぞれの個人、〈ひと〉である。しかもその場合のひとは、それぞれ個別の単位として切り離された存在ではなく、スークという場全体の中に埋め込まれた、関係論的な単位である。

スークに足しげく通う者は皆〈スッワーク〉、スークの人々である。ギーアツのこの指摘は、そこでの全体と個の関係を端的に明示した、暗夜の閃光のような発言であるといえよう。この観察一つで、われわれは問題の全体像を暗闇の中に看取ることができるのである。そして同時にこの解釈には、その正しさを立証する多くの証拠がある。都市論的観点からいうならば、よく指摘されるスークの諸施設などがよい例であろう。そこには宗教儀礼を果たすマスジド、勉学に努めるマドラサ、情報交換に役立つ茶屋、風呂屋等の娯楽施設などさまざまな機能がはめ込まれている。スークでは経済は囲いをとり払われ、外側に向かっても、内部でもぶれ、ゆらいでいる。そこはゆらいだ売りと買いにだけ限定された空間ではなく、生活のさまざまな側面が溶け込んで、混ざり合う空間なのである。溶解、混合の過程はすでにかなりな程度進行しているので、それぞれの成分を抽出することはかなり難しい。混合液を、溶液としてとってかかる以外に、道はないのである。

〈商人〉の多義性

別の観点からさらに検討に値するのは、商人（tājir）という言葉の曖昧、広範囲な使用法である。現地の人々はしばしばこのタージルという言葉を、無原則ともいえる広い意味で用いるが、このようなルースな用法はすでに彼等の間で深く染み着き、定着しているものなのである。この点を論ずるためには、それと同根の商業（tijārah）という言葉そのものについて、一瞥する必要があるであろう。このティジャーラという語は、当時主としてアラビア半島の商人たちを相手に啓示されたイスラームにおいて、他の文化圏における場合とは異なった、重要な地位を占めている。「現世の商業はスークにおいて、来世の商業はモスクにおいて」、といった常識的用法を越えた表現が多く用いられた教えを基礎とする文化は、いきおいこの語の適用範囲を大きなものにしている。とにかく人生そのものが、「現世で来世を購う（買うというアラビア語で表現されている）」等と、売買のタームで説明されがちな文化圏において、商人という語が持つ意味内容は、彼等を最下層に置くような発想の文化の場合とは、異なること著しいのである。神とひと、ひととひととの契約関係を重視するこの教えは、ともすると人間のあらゆる関係を、商業の比喩で説明しており、いきおいこれらの商業的用語の意味領域は拡大されがちである。

それかあらぬか実際の〈商人〉の規定においても、この語の外延と内包はものの見事に浸透し合い、ぶれている。工場（マアマル）、仕事場（ワルシャ）で商品を製造する者は、工場主、職人長等と呼ばれるのが一般であろう。もっと厳密ないい方をするならば、彼等は生産者（ムンティジュ）、あるいは半生産者（ニスフ・ムンティジュ）等と呼ばれるのが妥当である。しかし非常に多くの場合このような人間にしても、職業はなにかと尋ねられると、自分はタージルだと答えるのである。そのような曖昧な規定では困ると迫り、さらに問い詰めると、渋々自分は貴女のいう規定によればムンティジュだが、それでも事実上はタージルだといってきかない。要するにスークの商品の生産、販売に関わる仕事をしている者は、すべてタージルらしいのである。自分たちは商品を生産して、それを商人たちに売っている。だから立派な商人であるという彼等のいい方によれば、生産者と商人の区別はない。厳密に調べてみると、彼等の中にも生産にだけ携わっている者と、生産し同時に販売に従事している者の二種類がある。だがこのような相違も、彼等なりの規定に従えば無意味になってしまうのである。

ティジャーラ、タージルといった語のみならず、主要な経済用語について意味論的な分析を加えることは、すでにみたように特殊な構成と裾野を持つ伝統経済の研究にとって、決定的に重要な主題であろう。とりわけ経済的行為に関する種々の法的規定に関連させて、この種の分析を行うことの意義は大きいが、これまでそれを企てた者もなく、ここではそれを行う暇はない。ともあれこのように機能的分化が拒否されるシステムを研究するに当たり、宗教、経済、法律などをそれぞれ縦割りに特化して、他は一切顧みないような視座では、正解は覚束ないことは、これまでの説明から明らかであろう。その上、中東、イスラーム世界に関しては経済、法律の研究は、決定的に遅れているのである。

スークの経済的システムの統合的理解にとって基本的なファクターは、関係論的視点である。なぜならばこの世界は、すでに検討してきた多くの指標が指し示しているように、単純な部分の総和が全体に総合されるようなデジタル世界ではなく、各部分が特殊な構造性の中で全体と向かい合うような、アナログ的なものなのだから。そのさいまず初めに注目しなければならないのは、この構造性の中におけるそれぞれの部分のありようである。スークに参加する者は、すべてスッワークである。〈スークの人々〉の統合的な理解について、ギーアツの素晴らしい示唆を受けたのちに留意すべきは、彼等、ないしは彼等の活動の個的な様相である。全体と対峙する個は、自立的なもの、実体的なものか否か。つまり全体を構成する基本単位足りうるものか否か、ということが問題となるのである。

そこで思い当たるのは、これまでその意義についてほとんど重要な発言がなされてこなかったが、イスラーム思想史の中でつねに大きな役割を果たしてきた、単一実体（ジャウハル・ファルド）の概念を基盤にした独自の原子論であろう。時間、空間を含めて、あらゆる延長は、無限に分割されうるという考えが主流を占めてきた文化の場合と異なり、アラブ・イスラーム的な世界においては、根強い原子論の思想的な潮流があった。欧米の研究者たちが著している哲学、思想史の中では、この点は論議の背後に見え隠れしている程度に過ぎないが、この考えは思想的な領分にとどまらず、この地域の文化、文明のあり方とも密接な関係をもっている。アラビア語の詩的発想、歴史的叙述の特性、イスラームの社会論的な構成、法的特質等に関連づけながら、アラブ・イスラーム文明におけるこの点の重要性を、黒田壽郎はさまざまな論文で多岐にわたって検証している。

黒田はイスラームに焦点を絞りながら、それを構成する三つの最も重要な構成要素、つまり基本的な世界観であるタウヒード（これまで狭義の「唯一神論」としてのみ論じられてきたこの概念を、黒田は「一化」という高次の概念として捉えることを提唱している）、固有の法シャリーア、独自の共同体論ウンマの結合が、きわだって特徴のある磁場を作りだし、それが関係論的な個の統合である有機的な全体というあり方の、基盤となっている点を繰り返し主張している。上述の三つの基本的要素を磁極とする〈三極構造〉の指摘は、イスラーム、ないしはイスラーム文化の本性に照らして十分に説得力を持つものであり、ギーアツの観点とも呼応して、中東研究に新しい研究の可能性を開くものである。ただしここでは関係論的な個の有機的統合が、中東においては基本的なあり方であり、それは思想的なレヴェルのみでなく、文化のさまざまな領域に満ち満ちていることを示唆するのみで十分であろう。

延長、広がりは無限に分割されうるものではなく、その最低単位に独立した部分を持つ。その部分は単一実体、原子と呼ばれるものであるが、これそのものは未だに現実化されていないという意味で、理念的なものである。だが重要なのは、これに付加されているもう一つの条件である。つまりあらゆる実体は、それが現実化される場合には、それぞれ異なった偶性を持つというものである。この考えに従えば、この世の万有はすべて一つの実体からなる部分により構成されているが、その部分は現実化される場合に、ただ一つとして同じものではありえないという結果になる。あらゆる概念化、類型化を拒否して、万物に根源的な差異性を認めるという観法は、この世界観の基調なのである。あらゆる概念的囲い込みを拒み、斜めに滑り、ずれていく本然的なエネルギーによって構成される領界。この漂泊と交通の領域は、たんに農耕と遊牧といった対比で理解されるべきものではなく、より深い世界観的、思想的な根拠を持っているのである。

このような差異性を基本とする世界観が、人間に適用された場合いかなる結果がもたらされるであろうか。人類が登場してこの方、ただ一人として同じ人間が存在しなかったように、ひとは皆それぞれ資質、力能を異にしている。それがなければこの世に生きる意味、興味もなくなって仕舞うであろうが、この差異的個人を最低単位に置くというのが、この観法の基本的な態度である。ここでは当面の主題である経済の分野で、このような思想的傾向がどのような点に現れているかについて、検討することにしよう。

イスラームの経済理論と個体性の重視

イスラームの経済理論によれば、バーキルッ＝サドルがその卓越した『イスラーム経済論』で明言しているように、利得の基本は原則的に〈個人の労働〉にある。これを逸脱するものは、厳格には非合法的なものとみなされる。これが完全に貫徹された場合、労働は売買の対象とはならない。明敏な読者は、例えばスークの商人たちの乱雑で、個体論的なビヘーヴィアーの中に、この単純明快な定則の明らかな反映、ないしは少なくともその残響を感じるであろう。筆者はここで、原則的には、厳格にはといった条件的な表現を付加している。それはイスラームの経済論議において、この定則が多くの政治的支配者、彼等を支持する理論家にとって、あまりにも厳格すぎるため、さまざまな反対意見が出されているからである。この意見はシーア派のもので、スンニー派のものではないといった論法で、議論を回避するのが彼等の常道であるが、この問題には二つの側面があることを忘れてはなるまい。その一つは、伝統的システムの形成要因としてのイスラーム的経済観という側面であり、第二は、歴史的状況の中でのそれという側面である。

第一の側面に関していえば、千数百年の長きにわたってイスラームが支配的であった地域において、伝統的経済システムの構築にあたり、イスラームの経済観が無縁であったと主張することは、暴論の極みであろう。ひとを基体とする散逸構造をもつスーク経済の特性は、個体論を重視するイスラーム的な態度と密接に関わっているのである。これはイスラーム的システム、ないしはその構造化にさいして、内発的、根源的なものである。この点からすれば第二の要因が、あくまでも副次的であることはいうまでもない。われわれの目下の対象は伝統的経済であり、その分析にさいして現在の政治的支配者の思想、観点を分析に忍び込ませる必要はない。

第二の側面については、当然議論の余地が残されている。世界がわれわれの目の当たりにするようなかたちで発展してきた現在、それとの対応において、原則論の若干の修正は当然許されてしかるべきものである。周囲を取り巻く現実は、イスラーム経済とは別種の発展を示しており、その影響力は圧倒的である。時間ぎめで他人の労働を売買することがないとすれば、現在のようなかたちでの大企業が成立する基盤はない。マルクスが精密に分析し、批判しているような資本主義の展開もありえない。この冷厳な事実にどう対処するかは、現在に生きる個々の支配者の自由であり、それは当面のわれわれの主題とは無関係である。ただし先に挙げた大原則が適用される場合、現在のような資本主義的発展にとって大きな制約が課されることも疑いのない事実である。端的にいって大資本による搾取、ないしは大型の資本形成は存在しえない。資本の急速な肥大、増殖が政治力、軍事力の拡大につながり、国際場裡におけるさまざまな権利の、エンタイトルメントの差となって現れる現実を前にして、イスラーム世界の人々が、再びイスラーム経済の見直しを始めるということは、当然の成行きであろう。ただし第二の側面に属するそれもこれも、現在の問題関心とは別の事柄である。

スークの経済の関係論的特性を支える根拠として、個体、ひとの重視を指摘し、その具体的な現れとして個人の労働の基本的な単位性について述べた。利得の根拠は個人の労働であるという定則は、イスラーム世界の長い歴史的過程の中でさまざまに歪められ、看過されてきた。しかしひとをすべての根拠、基本とする基本方針は、他のさまざまな補則によって維持、強化されているのである。個人の労働が簡単な搾取の対象とならないために、イスラームは上述の利得の原則の周囲に、さまざまな規制のネットワークを配置している。例えば有名な利子の禁止も、このネットワークの要点を占める重要な要素である。ひとを基本とするといっても、イスラームの人間観は関係論的なものであり、個人を社会から切り離して、その絶対的独立性を主張するものではない。複数の個人の限りない欲望の抵触を避けるために、ある種の公理を定立するといった共同体編成の過程を取らない。

ことの善し悪しは問わず、社会関係は最初から関係論的なのである。したがって個の尊重が問題とされる場合、個からというアスペクトと、個へというアスペクトが同時に対象とされる。労働に基礎をおかない利得の共同体への参入は、他の個にたいする不正を生み、その不正はまた個それ自身の不正につながる。利息の禁止は、定則にたいする違反であると同時に、この定則を裏側から補強するものなのである。投資を許し、投機を禁ずるという規定も、このような二重の構造に則った、個人の労働の擁護であるといえよう。

この他にもイスラームの商法の内容を検討してみると、個体重視、その環境作りのための細則に満ち満ちていることが解る。ユダヤ商人が多数を占めるセフルーのスークを対象としたギーアツは、さすがにスークの構造化におけるイスラーム法の重要性を云々しつつも、その内容についてはほとんど言及がない。しかしイスラーム法の組成、機能の本性を知っていたならば、スーク研究におけるこの経済理論の重要性に関して、より立ち入った発言をしたことであろう。それはとにかく、例えばこの商法が規定している売買の一回性の原則も、間接的に件の定則を擁護するものといえよう。この原則によれば売買にさいして、売り手は、買い手が支払を行う現場に、必ず現品を用意していなければならない。売買行為の個体性重視という興味深い例であるが、要するに計算上の見込み売買、自転車操業は、御法度なのである。これがもたらす定則への間接的侵害を予め察知し、遠巻に予防している措置といいうるであろう。以上のような細則は、あげて個々の主体の営為、個人の労働の尊厳を擁護するために設けられているのである。

スーク経済の特殊性

ところでここで、そろそろイスラーム的要素とスーク経済の関係について、整理をする必要があるであろう。バザールはバザール、どこの市場も変わりはない。市場の研究に当たっては、市場プロパーの問題性をまず追求すべきであるといった議論はさておき、〈市場として〉というときの市場とは、一体なんなのであろうか。たんなる売買、交換の場なのか、それ以外のものを含むのか。その交換の形式、システムは、市場としてという公式的表現でいい含められるような、均質、一定のものなのか。

議論はどのようにも進められるが、論点を中東、イスラーム世界の現実に絞ってみれば事態はより一層明瞭になる。市場とはとりわけ売買、交換のための場である。売買、交換は、人間の生活にとって不可欠のものであるゆえに、そのための独自の厳密さを要する行為である。したがってその点に関しては、現地の民衆の法意識、慣習に即した法規、法律が存在するのが通常である。そして人々の法意識、慣習が昇華されたものとしてのこれらの法規、法律は、それからの逸脱が認められるとしても、地域の売買、交換の様相、様式の形成に最も強い影響力を持つ筈である。翻ってこの地域における実態を検討するならば、千数百年にわたって交換行為を律してきたのは、イスラーム法をおいて他にはないのである。アラブの法律、シリアの法規など存在することがなかったという事実を再確認すべきであろう。

市場は市場であるという機能主義者の普遍的理解は、中東イスラーム世界の市場、スークが、またそこでの交換が、他の地域のそれとまったく同一である場合には客観的な妥当性を持つ。事実は事実。それに反論を企てる余地はない。しかし果してどうであろうか。世界の他の市場はひとしなみに、スークのたたえる独特な関係論的様相を持ち合わせているであろうか。資本主義世界においても、共産主義世界においても、経済体制、地域の伝統などにはさらさら関わりなく、西ヨーロッパ、インド、中国、南米どこでも、皆同じ顔をしているものであろうか。これは観点を変えるならば、スーク、もしくはスークの経済に固有の顔があるか否か、という問題に還元されるであろう。それに関連して筆者は、さしあたり〈ひと〉を基体とする関係論的構造という特性を挙げ、これが生起する種々の条件について言及してきた。この特性を形成する上で最も重要なファクターは、個を全体と関係論的に結び付ける思想、制度である。この問題との関連でいえば、例えばイスラーム以前にアレッポを支配したギリシャ、ローマ系の統治者たちは、そのような思想、制度を用意していたといえるであろうか。これについては多くを述べえないが、ソーヴァージェの都市論の直線論、ぶれ、歪みへの無理解が、事態を見事に反映しているようである。

ソーヴァージェの解釈に反して、イスラームのもたらしたものが組織的なゆらぎの構造であると理解するならば、この間の事情は明らかであろう。

スークとイスラーム、ないしはイスラーム性との関連については、いま一つ整理しておかなければならない次のような点がある。例えばギーアツの調査したモロッコのセフルーのスークでは、商人の過半数はユダヤ人である。またシリアにおいても、東部のハッサケなどではキリスト教徒が商人の大半を占めている。この場合にもスークはその特性を維持しており、このような事例はとりもなおさず、スークとイスラームの関係を否定するものではないか、という種類の反論である。これはイスラームとイスラームの文化性、宗教としてのイスラームと伝統構成因としてのイスラームの混同の好例であろう。この種の安易な誤解はあちこちにはびこっている。ムスリムがマジョリティーであるイスラーム世界では、イスラームはたんに宗教としてのみではなく、それが備えるさまざまな法、制度を基礎とする独自のネットワークを介して固有の文化的伝統を作り上げてきた。スークのありようにも、それは強い影響を残しているのである。さらにイスラームの共同体は、当初より異教徒との共存を前提としていた。それはズィンミー制度*のようなかたちで非ムスリムにも正当な社会的地位を与えており、彼等の地位はまた固有の国際法、シャルの中できちんと〈法的に〉保証されている。

＊ ズィンミー制度　イスラーム世界の非ムスリムの生命、財産の安全、及び信仰の保持を保障する制度。それに対してイスラーム支配を認め、ムスリムに敵対しないこと、並びに兵役の免除と引き換えに成人男子に人頭税と土地税の支払いが義務づけられている。

例えば中世のヨーロッパで、マイノリティーのユダヤ人、ムスリムが、そこではマジョリティーとして、市場に参画していたと仮定しよう。その市場が近隣のそれと同じである場合に、それはキリスト教的ヨーロッパ世界のものとはいいえない、などと主張しうるであろうか。地域の市場の構造、特性はマジョリティーの文化、社会的特性によって形成されたものであり、それそのものが小さなマイノリティーの存在によって、根本的に否定されうるものであろうか。さらに付け加えるならば中世ヨーロッパには、イスラーム世界の場合のように、異教徒の身分を保証する法は存在しなかった。少なくとも伝統的なものが形成されてくる過程の時代において、異教徒はイスラーム世界ではより寛容な取り扱いを受けていたのである。

「千夜一夜」と伝統経済

以上のようにスーク経済の特殊性を構成する主要な要因を検討したあとで、今度はアレッポの小ハーンにより密着したかたちの分析に入ることにしよう。議論に先立ってまず、筆者が調査の対象としたハーンの設立者ハッジ・ムーサーにまつわる、「千夜一夜」風の逸話を紹介しよう。

親の遺産をもとに、アレッポでそこそこの商売を営んでいたハッジ・ムーサーのところに、ペルシャの出身であるという見知らぬ若者がやってきて、たってのお願いがあると話しかけてきた。聞いてみるとこの若者、とある目抜きの金銀細工商の店の奥に飾ってある、宝石をちりばめた金の器を恵んで頂きたいというだいそれた頼みである。一応断わってみたもののこの若者、断わっても断わっても、定刻になると毎日のように事務所にやってきては、大胆な願い事を繰り返す。この異国の若者は人品卑しからず、よくよく見ると頬には吉相といわれる小さな赤いあざがある。ハッジ・ムーサーもなんとはなしに彼の熱意にほだされ、よしやとばかり巨額の器を買い取って、この若者にくれてやった。

それから七年たったある日、街道筋から使いが訪れた。積荷で一杯のらくだ百頭がアレッポを目指してやってきて、ハッジ・ムーサーのところに荷が届くという知らせなのである。それから数日後、人品卑しからぬ商人がムーサーの許を訪れた。人柄の良い彼は、喜んで見知らぬ遠来の客をもてなし三日間歓待する。アラブの間では、一度訪れた客人を三日三晩歓待するというのが、古来よりの習わしなのである。ところで出発も近づいた三日目、この商人は突然ハッジ・ムーサーに、自分に見覚えはありませんかと切り出した。しかしハッジ・ムーサーには、なんの記憶もない。すると商人は、例の宝石をちりばめた金の器を取り出して、なにあろう自分があのときの若者です、と告白するに及びすべてが明らかになった。

話によればこの若者は、故郷に戻ってすぐに譲り受けた金の器を元手に商売を始め、お陰で七年の内に大きな利益を上げたということである。そしてラクダ二百頭分の絨毯、香料のうち百頭分は貴方のもので、残りは自分の取り分といたしたいという。ハッジ・ムーサーは、思いもかけぬこのような贈物を手にして大喜びするとともに、この人物の律儀さに魅かれて、自分の娘の一人をこの男に嫁がせている。

この逸話は歴史家ガッジーの伝えているところであるが、筆者は幸いにも、ハッジ・ムーサーの直系の末裔といわれ、現在彼の残したハーンの建物の一つを管理しているという人物から、直接にこの話を聞くことができた。大商人のこの太っ腹な鷹揚さ、魔法の絨毯がもたらすかのような予期しない豪華な贈物、有無をいわさず心をなごませるハッピー・エンドの物語……すべてはまさに「千夜一夜」の世界である。古風な薄暗いハーンの一室で、いかにも貴公子然とした人物から耳にする、祖先にまつわる昔話には、筆舌に尽くせない雰囲気があった。

「こんな次第で私どもには、イランにも近しい親族がいるのですよ。」

何気ない彼の一言には、アレッポとイランという遠い空間を、無にしてしまうような詩的なものを感じさせるものがあった。流れる時間、広がる空間がたんに物理的ではない、省略と凝縮が自在に散りばめられて、人生の機微と独特の詩的感興が醸し出される「千夜一夜」の世界。「千夜一夜」のエピソードさながらのこの逸話には、折角のロマンチックな雰囲気を台無しにするようであるが、もう一つの分析が可能であろう。美しい満月を天体望遠鏡で覗き込むようで申し訳ないが、少なくとも話の最後の部分を見る限り、ハッジ・ムーサーは人品卑しからぬこの若者と、資金提供者が企業家と損益を互いに折半するという、ムダーラバの協業契約を交わしていたのである。契約に期限は付されていなかったのであろうが、企業家に当たる若者は、資本を元手に上げた利益を、おそらくは契約に基づいて折半し百頭のラクダに乗せて出資者のところに運びこんだのであろう。ここに描かれているのは、まさに教科書どおりの投資、配分である。だがこの若者は良心的であることこの上ないが、それにしても商人としての彼の力量をいち早く認め、この人物に賭けたハッジ・ムーサーの眼識も確かなものであったといえよう。

この「千夜一夜」風の物語は、利潤の増大を求める場合、モノやカネにではなく〈ひと〉に賭けるという、この世界の基本的な姿勢を示していて面白い。陰鬱な表情をして事務所の一角に座り、日々為替レート、株価の上がり下りに一喜一憂する。信頼できるのは結局はモノとカネであり、決してひとではない。このような性格を構造的に持つ世界に生きる者として、同じ金儲けの話でも、ひとが基本である方に強い魅力を覚えるのは、筆者ばかりではあるまい。ところでわれらが主人公、ハッジ・ムーサーという人物の経歴をよく調べてみると、彼が巨利を上げた基本はペルシャ産の絨毯、絹織物、香料の商いであったらしい。世界の各地に、近親関係とは関わりのない協力者を求め、人柄、能力を認めた後では十分な資金援助をした、組織力抜群の、冷静な商人であったと思われる。頬に赤いあざのある若者は、彼が初期に抜擢し、その成功によって彼の企業力を一層高めるのに与った、重要なパーソナリティーの一人だったのであろう。それにしてもひとに賭けるということが、経済活動の原則であり続けるということ、それを制度的に維持しうるということは、何と幸せな事態であろうか。ひとに賭け、しかも他人を排除しないという原則が貫かれるならば、経済システムのあり方としてはこれ以上いうことはないであろう。

基本単位・商人というひと

ハッジ・ムーサーの逸話を皮切りに、ひとを基本単位とするスークの経済について、観察された諸現象を基礎に分析を加えてみることにしよう。この経済は、幸いにして未だにモノ、カネ主体の経済ではない。さりとて人間にとっての根本的な欲望である私的所有を根絶して、新しい社会環境の中で、新種の人間を作ることを前提とする経済でもない。ホモ・エコノミクスとか、共産主義的人間といった抽象的人間観に依存することなく、ありきたりの人間そのままを、可能な限りそのままで生かしていこうというのであるから、ことはきわめて厄介である。とにかく人間という生き物は千差万別。それをそのまま受け入れるためには、多少のゆらぎ、ぶれ、歪みには、当然目をつぶらなければならない。

スークの活気、人いきれ、雑踏、でたらめに撒き散らかされたような商品、甲高い声でなされる交渉。ここを訪れる者にとっての第一印象は、間違いなくこのようなものだ。このような市場で決まる価格とは、本性上いかなるものか。買い手に与えられる情報は完全か、否か。人々の関心はどちらかというと、やはりこのような経済学的問題に偏りがちである。しかしここではまず、人々のスークへの参加の問題から観察してみよう。スッワーク、つまりスークのひととなるためには、つまりこの双六遊びに加わるためにはなにが必要なのか。

筆者は機会ある毎に、この点を質問してみた。すると答えは簡単である。「まずはやる気と、ほんの少しの資金と、信用です。」大変まともな答えであるが、果して実情はいかなるものであろうか。

ハーン・ハッジ・ムーサーの商人たちの実例を見る限り、人々が非常に大きな参加の可能性を持っているのは、疑いないようである。彼等の生活の実態は、私生活を含めて、この点を証明しているようであるし、その乱雑な商業形態も、例えば資本主義の場合と比較しながらつきつめていくと、より大きな参加の可能性を保証するもののように思われる。スークにも階層といわれるものがない訳ではない。ここにも大金持ちはいる。むしろ間口一間ほどの狭い商店の主が動かしている資金の大きさには、それこそ「千夜一夜」風の驚きを禁じえない程である。みすぼらしい店の表口から入って奥の扉を一枚開けると、眼を奪うほどの金銀財宝の山。こんな経験をすることは幾らでもある。

ただしこれらの大商人は、近隣の同業者たちと資本力によって競争し、それらを呑込んで仕舞おうという姿勢はつゆ示さない。スークの外には、許認可のうま味を狙ってひと儲けしようなどと企んでいる人間は、山ほどいる。しかしいったんここに足を踏み入れると、話は別である。それどころか顧客が現れても、自分の店に商品がない場合には、ためらうことなく近所の同業者の店を紹介する。この拘りのなさには、むしろ見ている第三者の方が驚きを覚えるほどである。ここではいまでも、ゲームの参加者には、対等の機会を与えようという原則がきちんと貫かれている。資本の大小とは関係のない、一様に狭い間口の店々の共存、広告、宣伝の不在等、資本金の側からの圧力、脅威を防止する姿勢は見事に整っている。顧客は明らかにひとを目指し、ひとにひかれて訪れてくるのである。もちろんこの場合でも、最終的には彼が提示する商品の質、価格が問題であることはいうまでもないが。

ここでも資本は、均等に配分されている訳ではない。その不均等は個々の人間の資質、能力に無限の相違があるように、むしろ予定されている大前提なのであろう。すると残りの問題は、あらゆるスッワークに、機会が均等に与えられているか否かという点である。あるいは弱者が資本の欠如のために、著しい侵害を受けているか否か、ということにある。しかしハーンの実態を見る限りでは、このような傾向はほとんど見受けられない。この種の公正という観点からみて首を傾げたくなるのは、十数人の少年たちに技術の修得をさせるという名目で、金銀細工の下仕事を無給でさせている、という一件だけであろう。先にも触れたが、アレッポ産として名高い手作りの金細工師の間では、技術の修得に要する通常五年から六年の期間は、無給なのが伝統であるということである。ただしこうしたケースはスークの中でも稀である。いかにささやかであっても、自分が使っている少年たちには、多少の小遣いを与えるのが当然であろうと、筆者にささやく商人もいる。

勉学をさっさと切り上げて、進んで商人、職人の丁稚に入る子供たちが沢山いる。その中には、絶対に公表してはいけないという、家庭的な不幸に見舞われている少年たちもいる。彼等にはむしろ、近所の店々から、陰ながら物心ともに頼もしい援助が与えられている。またこれらの不幸な子供たちの表情には、少しの暗い陰もない。それは彼等がそのような境遇にあっても、早くから実業につく機会を与えられているからであろう。ここでは年端のいかない子供たちの身のこなしには、さまざまな機会に、いずれは成長して店を構えるのだという自信が窺われる。年の頃十五、六にもなると、彼等はもう態度だけはいっぱしの若旦那である。商売の仕方、店の構え方、なんでも心得ており、あとはもう少し腕を磨いて、必要な資本を稼ぎ出すばかりである。それは長い一生では、決して不可能なことではない。スークの先輩たちの多くもまた、ゲームでこのようなコースを辿ってきたのだから。

途上国は一般に、教育制度を大幅に改革したまではよかったが、粗末な内容で大量の大学卒を出し、彼等に就業の機会を満足に与えることができないため、それが理由で年々社会問題を大きなものにしている。そのような社会的環境で、私的に職業訓練を行うことになんの問題があるであろうか。視力の不自由な者に、完全な視力を享受する者と同様の教育を施して、なんの足しになるのかというM・ミードの素直な反省は、ところ変わってこの場合にも妥当するであろう。個人の資質、能力は、その発達の可能性に即して開発されなければならない。無体な搾取に身を晒させることなく、小さな大人としての自信、自覚を育みながらなされる私的訓育では、教育歴による差別を正当化する社会の場合とは、自ずと異なる評価が下されるべきであろう。

商人たちには、単独では十分な資金力がない場合、さまざまなかたちでの共同経営が可能である。実際にハーンにも同級生、気のあった若者同士、うまのあう老人と若者といった具合に、さまざまな結合形態がみられる。資金提供者と企業者が異なる場合、複数の個人が資本と労働を分け合う場合等、協業にはいくつかの基本形態がある。しかし損益共同負担の配分方式には、店開きの可能性を拡大することがあっても、誰かが協力者を著しく搾取する可能性は少ない。そして共同経営者たちは十分に資金力を増やすと、細胞が二つに分裂していくように、自然に資本分けしてそれぞれ独自の企業を運営していく。対立ではなく共存が基本的なビヘーヴィアーであるスークにおいては、協力者たちの分離、独立は、少しも警戒心、猜疑心を呼び起こすものではない。しかし多くの商人たちは、むしろ気のあった者同士での、商売の成功を楽しんでいるかのようにみえる。このように自足の術を知っている商人たちの住むスークは、利潤、資本の増大をほとんど唯一の目的とするシステムにとっては、まったく度し難い空間なのである。皮肉でたちの悪いことに、〈ひと〉が中心のこの空間には、大事なキャラクター、〈ホモ・エコノミクス〉という大立者が生息するための条件が、まったく整っていないのである。

複雑性のシステム

スークの経済においては、各人の差異的な資質、力能の開発は執拗に追求されている。その端的な現れは、すでに見たような商人たちの商行為の、乱雑ともいえる複雑さにあるであろう。流通のシステムが厳密に確立され、それが〈ひと〉に優先しているような資本主義社会においては、一人の商人が卸売、小売を行うと同時にワキール業にも手を出し、さらに生産者でもあるといった、離れ技、横断化はまったく非効率的であり、流れに逆らう行為に他ならない。しかしスークにおいては、むしろこれが圧倒的に主流を占めている。この乱雑さは、この経済においては基本的な常態なのである。個々の商人はまさに自分の資質、力能に応じて、悪食さながらにあらゆる可能性を追求する。ひとを中心に、商売のあらゆる形態にたいする参加が、自由に保証されているのである。人間の素質、能力には本来無限の差異があるのであり、この差異性を本然のものと認めるならば、この乱脈さはひとの活動を基本単位とする限り当然のことであろう。このようにスークの経済においては、あらゆる商業形態に関して、ひとの奔放な活動に制限を加える要因は極力排除される。観点を変えるならば、個人に集約される限り事業の拡大はいかようにも許容される。しかしひとの範囲を越える機能的な拡大は、厳密に戒められるのである。

このような乱脈さに活力を与えているのは、イスラームの「(商品を市場に) 導く者は讃えられ、それを退蔵する者は呪われる」という教えである。これはマックス・ウェーバーの指摘で有名な、「自分の資本の増大を義務と感ずる」プロテスタントの倫理とは、別種の倫理である。この倫理がもたらす意味、構造の分析は、イスラーム世界の文化、社会的分析にとって極めて重要であると思われるが、ここではその暇はない。商人たちはこのような教えの導きに従って、幾ばくかの余力がある場合、市場の活性化のために活動の枝をあたり構わずに広げていく。翻って考えるならば資本の集中化、肥大化が厳しく制限される中で、ひとがとりうる企業機会と利潤の最大化の可能性としては、これは最も合理的なものであろう。ひとが直接関与する、あるいは関与しうる商業活動には自ずと限界がある。個人という単位の単位性が尊重され、それからの逸脱が厳密に禁止されている状況の下では、商業形態を横断するひとを中心とした多角的な経営は、活動の最大化のほぼ唯一の道なのである。生き生きとした、ランダムで、乱脈な奔放さ。それに十分な機会を与えることは、共同体がつねに関心を払わねばならない、最も肝要な点であったのではなかろうか。利潤の増殖という点では、ハッジ・ムーサーの例のように、優秀な協力者との協業により資本を増大させ、利潤を上げては投資の量を増やすということも可能である。しかし私的企業のひとを超えた法人化が難しいスーク経済の場合には、拡大する企業運営のための中心的なセンターを構築することは、なかなか難しく、特定の限界を持つ。そもそもイスラーム的発想、その世界観には、経済的虚構、〈虚無〉そのものである法人という概念は存在しないのである。この点に関しては、その原子論、さらに関係論的世界観を考察すれば容易に理解されることであろう。

以上のような検討は、最大多数の個人に、蜂の巣をつくように商業に参加させ、多少の乱雑さには目もくれず、好き勝手に飛び回らせるスークの特徴をよく現しているのではなかろうか。ここで資本主義が顔をしかめるような〈ひと〉への権力の集中は、大規模な運営規模を必要とする公的事業の無視につながらないか、といぶかるむきもあることであろう。公共的な部分と私的部分の接点の問題は大変面白いテーマであるが、中東・イスラーム世界の本質を探るために最も重要なこの点は、残念ながら研究が大変立ち遅れた領域である。ここでは、公共性の高い事業の部分は、専ら国家の責任に委ねられていたと説明しておくことにしよう。原則的にイスラームの経済理論によれば、財の所有形態には、公有、国有、私有の三つの形態が存在する。第一は世界に遍ねく存在するムスリム、ならびにイスラームの法的支配を受け入れている人々全体のものであり、第二は特定の国家のもの、第三については説明の要もなかろう。非専門家にとって若干理解の困難なところは、この第一のものと、第二のものの区別である。統一体としてのイスラーム国家が存在していた間は、両者の運営はカリフの手に委ねられており、第一、第二の区別はなかったが、これが崩壊、分離した後には、問題はいささか厄介なことになる。ムスリムたる者は、本来的にイスラームの教えに帰属するのであり、たまたま生じた国家への帰属は副次的な問題である。ただし一次的な単位の管轄者が存在しない場合、この扱いはどのようになるのか。

分離、独立した国家の囲い込みを避ける要素の根幹には、厄介にも興味深いイスラーム世界における法の問題がある。イスラーム世界において国家は、国の基本法としてイスラーム法を受け入れていた。それを認めない限り、国民は支配者を支配者として認めないのである。ところでこのイスラーム法は、基本的に国家の枠組みを超えるものである。したがってそれが規定している公的なものは、国家の囲い込みを超えていた。国家を超える共通要素の存在、それに立脚したイスラーム独自の国際法には、現在の国際法の基本的な欠陥、つまり内なるものと外なるものを律する原則が異なるという、構造的な問題性を克服する要素が含まれている。詳細は別の機会に譲るが、それが提示する規範は、国内、国外を問わず適用されることを原則としているのである。これによって国際法の実効性が飛躍的に高まることはいうまでもあるまい。

国家を超えた公的要素、地域的なまとまりとしての国家が要請する要素、という二つのものの関係は、厄介だが大変興味深い研究主題である。ただしここでは公共事業的なものは、ほとんどこの二つの領域に振り当てられており、私的セクターが参入する限りを超えていたと、指摘するにとどめておこう。つまり商人たちは、まずは各自の生活のたつきをあげることに専念すれば良かったのである。しかも彼等の経営能力は、例えば長いアレッポの商人たちの活躍の歴史に認められるように、巨額にのぼる国際的な交易を、個人資本の肥大化を促進することなしに、立派に運営してきた実績の程を示している。個人の逞しい活力は、それが自由な環境におかれた場合、予測し難い力を発揮するのである。

機会さえあればどのような商業形態を取ることもはばからない、貪欲、悪食の経営スタイルは、例えば個人の経済的収支を正確に把握しなければならない国民国家のような存在にとっては、まことに始末の悪い代物である。すでに指摘したように、弁慶の前でひらりひらりと自在に身をかわす牛若丸さながらに、商人たちは税務署の監査官を前にして、絶妙の演技を繰り広げる。斜めに滑っていくランダムな動きは、正確な会計計算という囲い込みの可能性をすぐに狂わせてしまうのである。イスラーム世界における国家の問題に触れたついでに、少々視点を別の方角に当ててみよう。つまりこのような乱調を底辺に持つ経済にとって、国民経済とはなんなのか、もしくは国民経済にとって、この経済はなんなのかという問いである。この懐疑はまた、このような経済を成立させている人間の作り出す社会において、国民とはなんであり、そこに押し付けられた国民国家とはなんなのか、という問題にまで展開されていく。単線発展段階論的な溝つき空間（l'espace strié）の論理は、このような本質的なぶれ、乱調には眼もくれず、ただ表層を流れていくだけである。ずれ、歪み、懐疑を基調としない限り、ことの本質には至らず、理論の深化もありえない筈であるのに……

シリア政府はようやく重い腰を上げて、私的セクター振興のための検討委員会を発足させるということである。しかしことを成功させるためには、開発発展論の研究者たちが用意する、どちらかといえば紋切り形の方策を、この国の私的セクターの質的固有性と噛み合わせて、新しい形態に編成替えをすることが必須の条件とされなければなるまい。それはとにかく、ワーンとうなり声をあげる雲蚊のような商人たちの活力を、みだりに矯めるようなことだけはしてはなるまい。社会主義政権下において、このような私的セクターを温存してきたことは、むしろ為政者の明察を示すものなのである。バアス社会主義の綱領、政策を読む限りではこの点は認め難いが、為政者は自らの宿すこの私的セクターが、資本の増殖に血道をあげる資本主義のものではないことを、本能的に嗅ぎとっていたのであろうか。

とにかくスークの経済の一つの大きな特徴としては、南アメリカの伝統的社会を研究した、P・クラストルの結論に近いものを導き出すことができるであろう。彼はそこに、権力の集中に反する政治的秩序を目指す、〈国家に抗する社会〉を認めている。それに続くのはこの若くして逝った人類学者の、美しいコメントである。あらゆる文明は、醜い過度の集中を抑制する、節度ある叡知を備えていた。このひそみにならっていうならば他ならぬスークが、資本の集中に反する経済的秩序を目指す、〈国家に抗する市場〉であるということはできないであろうか。国家に抗するという表現も、この場合国家の統制、管理に抗するという意味であり、それは現在のシリアにみられるように、国家の権力基盤を揺るがすようなものではなく、むしろそれを補強する役割を果たしうるのである。

定価の専制に逆らって

スークの経済が〈ひと〉を基本単位とするものであり、それの参加がどのように保証されているかについて、主として資本と、商業形態との関わりに絡めながら検討を行った。その結果そこで求められている基本単位の参加の最大化と、そのための基本構造が明らかにされた筈である。次いでこのような経済において、〈もの〉はどのようなかたちで現れるか、ないしは参加するかに関して、若干の検討を加えることにしよう。

中東のスークというとおなじみなのは、商品に定価がなく、値段についての情報を持たない外国人観光客などが、したたかな商人に高い買物をさせられる話である。これはままある事実であり、困ったことには相違ない。ただしよく調べてみると、このような悪評高いケースの多くは、日用雑貨、必需品とは関係のない、土産物、奢侈品の類を、急ぎ足の旅人などが、時間にせかされて、慌てて買い求める場合のようである。高価な買物をするさいには銀座などの場合でも、値段について若干吟味する必要がある。しかし必需品のような物ならば、現地に住み着いて少し経てば、誰にでもおおよその値段はすぐに見当がつくようになる。ましてそこに長らく住み込んでいる現地の人々は、商品、商人に関する知識を十分に貯えており、ある商店が一、二度粗悪な商品を高値で売れば、すぐに客足が止まって仕舞う。商売道の真実は、どこの世界でも変わりはない。騙し合いの場というイメージは、現地に疎い一見さんだけのものであり、土地の人々にとって通用するのはやはり常識なのである。

一物一価、一つの〈もの〉に一定の値段があることは、買い手にとってきわめて便利であることに疑いの余地はない。価格を知るための情報収集コストはこれによって著しく節約され、その上整然とした経済計算が可能となるに及んで、流通機構も飛躍的に拡大される。またこの計算可能性を基礎に、いちいち商売の現場に現品を持ち出すまでもなく、多くの売買を決裁勘定で行うこともできる。これが経済活動の全般的な増大、活性化に大きく寄与していることも疑いのない事実である。ただしこれにもその反面があることを忘れてはならないであろう。このような簡便さと共に、価格のバロメーターであり、商行為において中心的な役割を果たすようになった貨幣が、独自の帝国を作り上げていく。近現代の経済史は、この貨幣という帝国の成功のエピソードで満ち満ちており、それはまた独特の裏面史を持つことも、ここで詳しく論ずるまでもあるまい。すべては常識に属する問題である。

他方本書の主題に即した資本主義経済と伝統的な経済との対比、関連という点では、地域研究において理論的分析、具体的な成果の点で、東南アジア研究に一日の長があるように思われる。とりわけバザールの経済の分析では、インドネシアの実情をめぐるギーアツの業績、その批判、再批判等を媒介にして、日本の研究者たちの間でも質の高い、活発な論議が行われている。その一例としては、タイの専門家であるが、経済学的観点からなされた原洋之介の『クリフォード・ギアツの経済学』は、参照に値する好著である。基本的な分析を行うに当たって、この著作に啓発されることが多かったので、ここに挙げておきたい。一方にワルラスの〈せり人〉のいる市場の分析があり、それにたいしてこれを欠いた経済のシステムが、いかなる構造を持つものであるかが、独特の手法で解明されていく、貴重な分析である。

ただしアレッポのスークとの関連でいえば、その実情はそこで述べられていることとは、若干の誤差がある。ギーアツの分析しているインドネシアの場合、スーク経済は、既存の歴史的環境の中に、外来のものとして外から入り込んだものであった。そこに窺われるスークの実態は、いわばそれが本来のものであるシリアのアレッポの場合とは、大分事情が違う。この相違の主要な原因は、端的にいってシリアのイスラームと、インドネシアのイスラームの相違に帰せられるであろう。

この点に関しては厳密な検証を必要とするが、千数百年の伝統を持つシリアのイスラームは、シャリーア、つまりイスラーム法をベースとしたものである。そこでムスリムは、シャリーアが規定している諸々のことを、商業に関する諸規定をも含めて、身体行為のように実践していく。しかしインドネシアの場合は、イスラームがスーフィーの活動を主たる媒介として伝播されたという特殊事情もあり、法のレヴェルでは、在来の慣習を多く取り入れたアーダット法の存在、その特性からも明らかなように、シャリーア・ベースとはいいえない。イスラームが身体技法として身についているか、理念的なものに留まっているかは、同じイスラーム世界の文化、社会的分節化に、大きな差異をもたらしているのである。

ところ変われば品変わる。ギーアツは、『二つのイスラーム社会』において、インドネシアとモロッコのムスリム社会を論じ、両者の相違を際だたせているが、ことはモロッコとシリアの場合も同じである。イスラームは一つであっても、それを受け入れる受け皿の相違によって、その文化、社会的分節化は異なるのである。例えば彼がモロッコの場合に用いているニスバ*の分析は、モロッコの場合には意味があるが、シリアの場合にはほとんど通用しないといったように。以上のような但し書きをしたのちに、再び話題を本論に戻すことにしよう。

* ニスバ　アラビア語固有の表現で、出身地、血縁等をあらわす呼称。

われわれがどっぷりと浸かっている一物一価のシステム、貨幣の帝国の根本原則は、すでに述べたように確かに便利な代物である。ただしこれを成立させるためには、一連の経済的思想、制度、それが具体化するための固有な歴史があったことは看過されてはなるまい。一物一価は一日にして成らず。このシステムはまた、それを形成し、同時にその系の下に入る多くの要素を控え持っているのである。そしてそれらのすべてが、現在の状況、ないしはあらゆる地域の実情にふさわしいか否かという点が、徐々に検討の対象となりつつある、ということも偽らざる現実であろう。それはとにかく、われわれの対象とするスークの経済の成り立ちは、これとはきわめて質を異にしているのである。

一般に伝統経済は、交渉を取引の基礎にするものといわれている。売買において売り手と買い手が、現金と現物を前にして交渉を行い、両者が合意して貨幣と商品を交換すること、そのこと自体はなんの変哲もない。ただしこの交換が、定価に依存するものではない、つまり相手次第で同じものの値段が異なることが問題なのである。ただし実際にスークを訪れてみると、商人たちは顧客を相手に一々値段の交渉をし合っている訳ではなく、ほぼ定価といってよい相場で売買を行っている。歴史的にどれほど商品に価格の指示がなされていたかは不明であるが、現在では政府の命令により、値札をつけることが一応義務づけられている。概ねが定価で売られているが、それも厳格なものではなく、また品物によりケースがまちまちである。日用の必需品は括弧つきの定価で、絨毯などの奢侈品はそれこそ騙し合いの場での交渉、といったところが実情であろう。ただし注意しなければならないのは、このような個々の側面についてではなく、交渉を取引の基本とする経済が伝統的に作り上げてきたところの、システム全体の構造である。

一物一価の経済の場合、売り手と買い手をつなぐものは定価である。一定の価格に正当性を与えるために、生産者と商人は優れた商品、適正な価格の保持に努力する。それが価格に反映されるといった観点からすれば、価格の一定性は当然高い評価が与えられてよい。価格は、そのまま価値に等しいのである。そしてこの価格＝価値の関係は、さまざまな商品の群を、独自の、整合的な流儀で仕分け、分類していく。その結果価格ベースの価値体系が築き上げられ、多くの人々はこれに則って経済生活を営むことになる。ただしここで、果してこの価値が実際に真の価値でありうるのか、ならびにこの価値、ないしは価値の体系を享受しうる者は誰か、ということが問題となってくる。第一は価格と価値のずれ、第二は価値獲得の可能性の問題である。これらの点については、以後の論旨の展開に関係する限りにおいて、若干の予備的検討を行っておくことにしよう。

需要ベースの経済

第一の問題を考察するに当たって、基本的な解析の方向は明らかであろう。価格＝価値という等式は、実際のところ価格の方から強制的に与えられたものである。そしてこれは、それなりの、つまり経済的な妥当性を持っている。しかしこれを価値の方から考えてみると、様相は一変する。ひとさまざま。無限に異なる人間が、同じ価値観を共有するなどということは、そもそもありえない話である。ひとは皆、経済生活を営む上で、仕方なくこの等式を受け入れる。だがこの等式が、一種の押し付けであることは明らかであろう。ものが高ければ買わないという行動で、この等式を拒否することもある。買物をしたとしても、懐具合とは関わりなく、少し高い買物をしたなどと反省することはしばしばである。だがこの等式は生活の隅々にまで浸透し、ひとはそれに慣れきって次第にそれを普遍妥当なものと思い始める。このようにして価格の玉座にましますな貨幣の帝王は、価値の世界に君臨していくのである。

ここで左項を主とする価値観を〈価格ベース〉、右項を主とするものを、消費者の価値観、要求に基づくものであるゆえに〈需要ベース〉という呼称を与えて、併立させることにしよう。価格ベースにおいて、消費者は受動的であり、価値はそれを表示する数字のように無機的で、ひとの匂いを漂わせたりはしない。他方需要ベースの場合は、消費者は能動的で、価値にはいまだにそこはかとなくひとの香りが漂っている。表現を変えるならば、この構造の中で消費者の立場は、あくまでも能動的である。両者の相違は、さらに論及すべき多くの問題点を含んでいるが、それらは後回しにして、ここで第二の問題の分析に入ることにしよう。

価格＝価値の等式、ならびにその結果である価格ベースの価値観は、経済的先進諸国の間では、ごく当然のものとして受け入れられている。観点を変えるならば、このベースが完遂され、実効性を持っている地域がいわゆる先進国といわれる国々なのである。多くの人々はこのシステムが、普遍妥当的に世界を覆っていると思いがちであり、また世界全体にこれを普及させることが、経済的進歩の一里塚であると信じ込んでいる。だが果してそうであろうか。実際には発展途上国といわれる国の多くの人々、概算すれば地球の三分の二を越えるといわれる人間が、それが完全に通用する圏域の外に住んでいるのである。筆者は決して価格ベースの価値観を先進国のもの、それ以外を後進国のものとするような、単純な二元論で解釈するつもりはない。それは結局社会なり、経済なりを先進的なもの、後進的なものと二項に対立させる単線発展論につながるものであろう。経済システムの差異性は、このような分類を越えた領域で深甚な意味を持っている。しかしこれまでのところ価格ベースの価値観が、世界全体を覆うほど優勢であることも事実であり、問題の本質はこのような論じ方を越えたところにあるにせよ、便宜的に第二の点を経済格差の図式で検討していくことにしよう。

人間がもの、ひいては生活の必需品を獲得しうる可能性、その度合について検討することは、あらゆる問題に関して看過しえない重要な側面である。第三世界の飢饉の問題などは、価格＝価値などという図式を、簡単に吹き飛ばして仕舞うほどの事柄であるが、通常等式を不安定にする要因、例えばものを入手しえない者の側からの認識は簡単に無視される。しかしここに挙げられたような冷厳な事実は当然、この等式、ないしそれがもたらすシステムを享受する人々が特定の人間であり、それを享受する能力に関して、人々の間で差異があることを思い至らせてくれる。ここで参照に値するのは、A・K・センの有名なインドにおける飢饉の分析である。彼はこの問題を分析しながら、興味深い事実を発見する。通常飢饉は、干魃、洪水等の農業生産が不作な年に発生すると信じられている。しかしインドの飢饉は、必ずしも不作の年に起こっている訳ではないのである。不作＝飢饉の等式の乱れを分析するために彼が用いているのが、エンタイトルメント（entitlement）という概念である。これは英語で、〈なにものかを獲得するために必要な資格、条件を提供すること〉を意味するが、飢饉の分析に当たってセンは、民衆が食糧を入手するために必要な諸条件を再点検し、独自の解答を寄せている。

このエンタイトルメントの概念は、通常普遍的法則と見なされてはいるものの、具体的な適用においてぶれ、ずれが生ずるさまざまな問題に応用されうるであろう。真空状態で構築された理論と、具体的な現実とのギャップを埋めるために、再検討されなければならない問題は、現在われわれの周囲にどれほど存在しているであろうか。普遍的な妥当性があるものと信じられている、不作＝飢饉の等式が当てはまらない現実を前にして、センはエンタイトルメントという現実的な概念を用いて、正しい解を求めたのである。上述の価格＝価値の等式に依存するシステムにしても、これは先進諸国の経済における場合を除いては、整合的に通用するものではない。先進諸国の場合にしても、例えば規格から外れた二級品、あるいは中古品が対象となる場合には、価格そのものの安定性にはゆらぎが生じ、それと共にこの等式を結ぶイコールの記号に、ぶれが立ち現れるのである。先進諸国においては、このぶれの領域は取るに足りない、局部的なものである。しかしその他の地域では、むしろぶれの領域の方が大勢を占めることが多い。日本では規格に洩れるか、使い捨てられたがまだ十分に利用価値のある品物が、斡旋業者に買い取られ、第三世界で安値で販売されるといった例は数多い。先進国で価値がゼロのものが、途上国ではしばしば主流をなしているのである。ところで後者の場合の経済は、価格＝価値の整合性をきちんと守った経済と、同列に論じられうるものであろうか。

この点を明らかにするには、やはり簡潔だが的を射たG・アカロフの〈レモン商品〉の分析を引くにしくはないであろう。ちなみにレモンとは、アメリカン・イングリッシュで二流品を意味するらしい。あの娘はレモンなどという使い方があると説明しながら、アカロフは二流商品のあり方を探っている。論旨に添って筆者なりにアレンジしながら、その内容を簡単に説明すれば、以下の通りである。

例えば新品の高級車を(A)、新品の一般車を(B)、中古の高級車を(C)、中古の一般車を(D)とする。これに加えて筆者は、車を持てない状態を敢えて(E)と提示したい。これに仮の値段をつけて、一応の表にしてみよう。

(A)	六〇〇万	価格＝価値	
(B)	二五〇万	価格＝価値	
(C)	二五〇万		信用
(D)	一〇〇万		信用
(E)	〇		

最初の二つは先進国の、価格ベースに参加できる人々のものである。彼等の間でも、車を獲得するエンタイトルメントには格差がある。金持ちは高級車を乗り回し、貧乏人でもまあまあ一般車を買うことができる。この二つの場合には、生産者側の厳密な製品管理を経ているので、価格＝価値の等式は成立している。ただしそれ以下の中古車の場合となると、価格はおおよその見当で、外側の見栄えは良くとも、エンジンなどに思わぬ欠陥が隠されている可能性が高い。価格と価値の間には既にぶれが生じている。ただし資金力のない買い手は、ない袖は振れない。このぶれをカヴァーするために彼は、仲介業者にたいする信用に託すのである。信用がなければ

ば買うことはできないし、買わない。ここで気を付けなければならないのは、すでに信用などという、合理主義者からすれば計算不可能な、いやなものが介在してきていることである。とにかくここでは、価格＝価値の等式はもはや成立していない。これに加えてわれわれは、世の中には中古車はおろか、車など持ちえない者が多数存在するという、冷厳な事実を認識しなければならない。彼等は車にたいするエンタイトルメントを持たず、したがって価格ベースから除外されている。

右記の表は、価格ベースでもすでに等式にぶれが生じていることを明らかにしている。他方先進国においてもエンタイトルメントに相違はあるが、途上国ではレモン商品が主流を占めていることは疑いのない事実であろう。例えばアレッポで走っている車を観察すれば、最近自由化の影響で新車の数が目だって増えているにしても、多くが中古でも売れないほどの老朽車である。それにしても車があるのは幸せな方で、大卒の初任給が一〇〇ドル足らずの収入では、それも覚束ない。価格ベースも、エンタイトルメントもないのである。ただしおおよその経済分析は、このような現実にはまったく眼をつぶっている。そもそもエンタイトルメントの観点からして、国民の平均年収が三万ドルの人々が生活する社会環境と、千ドル前後のそれとを、同じロジックで議論することは不合理きわまりないのだが。

商品の固有な貌《かお》

このような簡単な予備的考察を加えたあとで、スークの伝統経済について検討してみることにしよう。ここにおいても、定価らしきもの、括弧付きの定価が存在することは既に述べた。交渉を重んずるといっても、すべてのケースでこれが繰り返し行われなければならない訳ではない。しかしその経済は成り立ちにおいて、取引において交渉を基礎とする構造性を持っている。まずそこは、少なくとも価格が貨幣の法衣をまとって君臨する、価格ベースの場ではない。端的にいってそれは、買い手、消費者の要求に基礎を置くエンタイトルメントを基軸とする〈需要ベース〉の経済である。価格ベースの経済はしばしば、商品の品質に関してその体系独自の要請に従い、〈一定の基準〉を設けずにはいない。ごく卑近な例を取ってみよう。ここではキュウリは、まっすぐでなければ基準に合致したことにならない。その基準に合わないものは、ひとも、ものも、排除される。まっすぐなキュウリを買えない者、曲がったキュウリを買いたい者は、曲がったキュウリ同様に場外に退去を命ぜられる。年収三万ドルの社会では、この規格は維持可能であり、同時に意味のあることなのである。エンタイトルメントの高い人々は嗜好、流行に従って、商品のスタンダードをこのようなかたちで吊り上げ、それが消費社会の存立の一つの基盤であったりする。まっすぐなキュウリでは例にふさわしくないかも知れないが、それがまた皮肉にもこの社会の経済を、間接的に活性化するのに役だったりする。曲がったキュウリは、十分に食用に供される価値があるにも拘わらず、流通から排除される。

これに反して伝統経済は、曲がったキュウリを堂々と流通に乗せるシステムであるといえよう。ここではひとにも、ものにも一定の基準などは課されない。基準が存在するとすれば、それは複数の、あるいは種々雑多な基準であるとしかいいようがない。そもそも消費者の要求、エンタイトルメントには無限の多様性がある。これに目を閉ざして商品に基準を設けるとは、なんたる横暴かといわんばかりに、ここにはありとあらゆる等級、種類の品々が殺到する。これまで専ら研究者たちは、スークに現れる商品の不透明性、それに関する情報の不完全性のみに注意を払ってきた。これは交換という側面からみれば、四角四面のお世話焼きということになるであろう。商品たりうるものが、市場で売られる。売買が成立することが第一で、その理由づけは副次的な問題である。要はスークとは、ひとの参加が最大限に開放されているように、ものの参加も最大限に開放されている市場なのである。

とはいえ消費者は、そこで商品の等級、種類について考慮せずに買物をしている訳ではない。価格が絶対でなく、売り手と買い手が現物を前に交渉する場面を持つということは、買い手が自分の欲望、享受するエンタイトルメントの多寡に応じて、売り手と交渉しうることを意味する。再三述べるように、ここでは商品に定価が存在しないと同時に、その流通に強い制限が加えられることもない。つまり商品の一つ一つは、固有の等級、品質を持っている。ひとがそれぞれ固有の資質、力能を備えているように、そこではものもみなそれぞれの個性を持っているのである。もしくはそのようなものとして、立ち現れる。消費者は、それぞれ自分の嗜好、財力に応じて商品を物色し、可能な範囲内で交渉にけりをつける。消費者の需要の多様性、これに対峙する多様な商品という複雑を極める回路を結び付けるためには、交渉は最も有効な手段なのである。このような意味で需要ベースの流通、交換においては、消費者のひとの側面が強調され、媒介者として定価といった無機的なものでなく、商人というひとの存在が要請されるのである。

ひとの複雑、雑多な要求を基盤にする経済のシステムは、その要求に従って雑多な商品を交換、売買の場に登場させる。この複雑な要求と、雑多な商品とは、簡単に価格＝価値の図式で結ばれはしない。しかしよしんばここが価格ベースの等式の成立しない場であるとしても、最終的には売買というものが、売り手と買い手の間の合意を必要とする以上、商品の価格と価値の関係を調整するなにものかが存在しなければならない。アカロフはそれを、〈信用〉という抽象名詞によって表現しているが、需要ベースのスーク経済において、この役割を果たすのは〈商人〉というひとである。生産者からもたらされる雑多な商品と、消費者の多様な要求の間で不足しているものは、さまざまな審級に属する商品についての鑑識眼と、市場の需要を察知し、適正な値段で売買するための仕入れのノウ・ハウである。価格ベースの商人を、事務所の電話一本で足りる商店主とすれば、需要ベースの商人は、扱う商品の雑多さ、その質の審級の多様さにかんがみて、忙しい電話の交換手にもたとえることができる。彼は生産、消費の動向にたいして、いわば回線の量が多いだけ、価格ベースの場合より遥かに多くの情報を必要としているのである。スークの研究者が一様に、日がな一日、スークの中をとびまわっている商人たちの姿を、印象深く記述しているのはこのためであろう。ただし彼等は、無闇にあちこちを訪ね回る必要はない。情報を集めるためには、それが集中しているスークの中を歩いて、スッワークたちと会話するだけで十分なのである。

需要ベースの価格と価値の接点に位置する商人は、複雑な商品と、消費者の多様な要求の両者を、巧みにつなぎ合わせる。その結合の方法は、きわめて有機的である。職種によって異なるが、商人のところにやってくる顧客たちは、概ね一見さんではない。消費者の方でも、地道な生活がかかっているため、厳しく商店の選択を行っているのである。慌てた外人観光客のように、衝動的な、的外れの買物はしない。したがって一々の商行為は、価格ベースの場合よりも、少しばかり人間的である。なぜならば第一に、店頭の品々の中には手の出せない高価なものもあるが、大抵はその隣に自分の財力にふさわしいものが並んでいるからである。懐具合にふさわしい商品たちには、ショーウィンドウの奥できらびやかに媚びを売る法外な値段の商品などよりも、確実に親密感があるのだから。

ただし親密感の由来は、それだけではない。ショーウィンドウの奥の豪華な商品に、ただ射倖心をそそられるだけの懐寂しい通行人。だだっ広い店内でものいわぬ商品どもの群と対面し、レジで価格を対照して代金を支払うだけの買物客。ものもひとも疎遠なこのような状況は、スークとはまったく無縁である。ここには購買可能なもの、おまけに完全に人間の顔をした商人がいる。そこでは単純な商行為の一々が、そこはかとなく人間味を帯びている。最初の何気ない会話が、二度、三度足を運ぶことによってよも山話に発展し、それから先は深みのある情報の交換になる。売り手と買い手の関係は卑近な例でいえば、昔日本でもよくあった、行きつけの喫茶店、飲み屋での常連たちと店の主人の場合のようなものである。客と主人の会話が、そのうちには隣合った客同士の会話の輪に広がり、親密さが定着して、最近姿を現さない相客の安否を気遣ったりするようになる。スークの登場人物、スッワークたちは、売る人、買う人の別なく、ひとの要素の強い売買を介して互いに喫茶店仲間、飲み友達のような親密な関係を築き上げていくのである。迷路のような小道に看板もなく、広告もない。あってもごく稀である。しかし当然のことながら顧客たちは、視覚とは別の特殊な感覚に頼っているかのように、正確に目当ての店を訪ね当てる。

商行為の直接性

ここは広告、宣伝、販売の拡大などという論理が、まったく通用しない世界である。ひとに密着した散逸構造を持つここの経済のパターンは、大資本が経営するコンビニエンス・ストアー風のものを受け付けない。アレッポのみではなく、シリア中のどこでもデパートやコンビニエンス・ストアーはほとんど存在せず、あったとしても流行っていると耳にしたことがない。最近どんどん広がりつつある住宅地域にしても、そこにできていく商店街は、少なくとも日用雑貨、食料品に関しては、驚くなかれメディーネのスークの、レプリカのようなものばかりなのである。筆者はアレッポの高級住宅街の近くにある、ハーリディーエのスークの調査も行っているが、この構造もまさにメディーネのそれと瓜二つなのである。伝統的な商業の構造は、人々の心性、行動様式の中に力強く維持され、その中心地から遠く離れた郊外の新興地においても、同系統のものを現出させている。

このひとに密着した散逸構造の経済を支えるものとしてはまた、消費者の側の消費行動のパターンの特殊性が挙げられるであろう。彼等の消費行動を見る限りでは、大量生産、薄利多売の方式は、ここではあまり通用しそうもない。アレッポの人々ほど自分たちの生活文化に自信を持ち、流行に左右されない人間を見いだすことは難しいのである。その実例については既に、街で見かける人間、衣装の多様性をめぐって紹介した筈である。衣服に関して彼等は、ほとんど盲目的に流行を追うことはせず、自分たちの確とした趣味、嗜好に従っている。このような自信を形作ったものが、経済のパターンであるか、それとも彼等の文化性であるか、どちらが先かなどということはにわかに決定し難い。しかしさすがは文化、文明の交流の最先端をいった土地柄のこと、彼等の身のこなしには、流行などという安手なものはとっくに卒業ずみだ、といわんばかりの洗練が窺われる。よくよく考えてみれば、彼等の身につけているものは、多くはスークの手仕事でできた一品もの。彼等はとうの昔に、他人と同じものなど身にまとわないという、確かなセンスを身につけているのである。この種の自信は彼等の生活の他の領域にも張っている。彼等は買い求める商品に独特の貌を、あるいは貌のある商品を求めている。それはスークの経済の構造と、さまざまな意味で呼応、対応しているのではあるまいか。

以上スークの人々、そこに登場する商品の多様性を手がかりにしながら、スーク経済の特殊性についての分析を試みた。そのいずれの場合にも、ひと、ものの個体性が明らかにされた筈である。ひとという単位は、いかなる状況においても分解されず、それがものの単位性を維持する。それはとりもなおさずそこが、ひと、もの、つまりスッワークたち、商品どもに、限りなく差異性を自己主張させる空間、イスラームに固有の原子論が見事に反映されているような市場であるといえないであろうか。もたらされる商品の質、内容は、原子論の主張に即して、むしろ無限に差異的なものと認識され、それが経済活動の価格経済への移行を、あらゆる局面で固く阻止しているのである。経済行為と心性の絆が絶たれず、立ち現れる商品が、かしましいスッワークたち同様に常に発話状態にあるような市場。スークとは、良かれ悪しかれこのような場なのである。

おわりに

色彩《あざ》やかなミルフィオーリ、商人たちの共和国

以上、スークの人々、そこに現れる商品の検討を通じて、スークの構造の特殊性を明らかにしてきた。ひと、もののいずれの場合にも認められる多様性は、同時に両者の個体性の徴を明瞭に備えていた筈である。ひとという単位性はいかなる場合においても崩れさることはなく、それがまたものの単位性を保証する。そのような相関関係も、読者にはすでに明白であろう。このようなひとと、ものの配置、配分の様相、ならびにそれを総合、統轄するシステムを、われわれはどのように理解したら良いものであろうか。スークの経済は混乱、乱雑とも見えることであろう。しかしこの乱調は、見方を変えるならば至って正常そのものなのである。

これまでの経済分析は、専ら与えられた所与のものを計算可能性に還元し、無機的な平面、ないしは立体を合理的に管理するかのように細分化したり、再構成したりしてきた。機能的に分割された部分の総体が、そのまま全体に等しいかのように。しかしスークの伝統経済は、そ

のような分析にふさわしい構造を持つものではない。いわばそれは、無数の異なった細胞からなり、異質の器官からなる有機体のようなものということができるであろう。そこで一々の細胞は固有の曲がり、歪みを持ち、例えばそこにくまなく養分を送り届けようとするさいには、平地を人工的に灌漑するように、直線のパイプを用いることは不可能である。さまざまな部分が持つあらゆる曲がり、歪み、ぶれ、ずれに対処しうるのは、例えば人体を流れてあらゆる細胞に養分を送る、血管のようなシステムであろう。平面、立体を等分に分割する直線の構成に最高の完成を認める人々にとっては、血管の示す乱雑な流れは不合理の極みとも映じかねない。しかしそれが示す乱調、乱脈は、実のところ漲る差異性を統轄するには、最も合理的なものなのである。

最近では幸いにしてそれほどの禁忌もなくなったとはいえ、社会科学的な現象を有機体の比喩で説明することは、未だに御法度の向きもあるようである。それならばさすがにギーアツが、セフルーのスークの分析の最後の部分でとりあげている、アラビア語の言語分析を活用し、それを換骨奪胎することも可能であろう。彼はスークの構造、構成に関連すると思われるキー・タームを摘出し、それを言語的に解明、再構成することによって、ある種の解を求めようとしているようである。これはそれ自体、一つの優れた試みである。スークの世界という秩序ある乱調を、アラビア語の一々の単語という個体的なものが、多様に産出される構造に求めようという試みは、きわめて示唆的である。ここには本質的なものにたいする、確かな直観的理解がある。これは今後の研究にとって、貴重な遺産に他ならないのである。

ただし筆者はそれを、キー・タームのレヴェルの分析で纏めあげようとは思わない。むしろアラビア語に現れるすべての単語を、スークの構成因子として扱うことはいかがなものであろうか。もちろんそこには表現に現れる頻度の多少がある。それはスークの活動の、さまざまな節目に認められる強弱のアクセントに他ならない。しかし個体論の特性に準じて、すべてのアクターには、それなりの役割を与えるべきであろう。アラビア語の語根は興味深い構造を持っている。それは特定の法則性にしたがって、多くの派生語を産出する。語根を取り巻く派生語の系は、さながら万華鏡のように、変幻自在にゆらいだ形態を身に纏っていく。そして無数の系は複雑に絡み合って、動的な意味の星雲を現出させる。渦を巻く巨大な混沌。

ところでそこに登場するアクターは、それ自体の差異的な意味合い、役割を持ってはいるものの、無統制にその役割を果たす訳ではない。それが個体として意味を持ち、また自由に連結されて意味を持つ表現となるためには、やはり正しい文法に従わざるをえない。その文法に当たるもの、もしくはその骨格に当たるものは、イスラームの経済に関する諸細則であろう。イスラームの経済論が、どの程度言語における文法と対比されうるかは未詳である。

スークの研究はようやく端緒についたばかりである。しかしスークの活動は、今もなお脈々と継続され、シリアのアレッポではすでに言及したように、むしろこの国の今後の経済を専ら担って行きかねない底力を示している。外国の研究者はおろか、自国の人々にもその重要性がまったく忘れられていたこの経済は、この地域の文化、社会的な本性を見極めるためにも、また行き過ぎて仕舞った経済活動のありように自制を施すためにも、多くの示唆を含んでいると思われる。

いうまでもなくアレッポのスークにも、近代化の波は滔々と押し寄せてきている。近郊にいくつも形成され、着々と規模を増大して行く工場地帯。それに固有な構造と、発展の様式は、従来のスークのありようをもちろん変化させている。しかし第三世界のどこにでもありがちな、近代的大企業群と落ちぶれた伝統的中小企業群を引き裂く大きな亀裂は、ここにはほとんど見あたらない。雲蚊のような小型商人群のランダムな連合は、この種の現象の発生に力強い歯止めをかけているのである。現在のところむしろ影響を被っているのは、もう少し景気のよい筈の前者の方である。メディーネのエネルギーに押されて近代的なものまでが、伝統的なかたちを採ることを余儀なくされているというのが、偽らざる印象である。本書では専ら、これまで正体不明のスークの経済の本性を検討することに終始してきたが、今後はそれを取り巻く環境との関係の分析が必要であることはいうまでもない。

ただしスークと近代化という点に関しては、メディーネの北方のジュデイデ地区にある、イプシール・パシャのワクフを研究したJ・C・ダヴィードも、後半の短いが優れた歴史的分析において、都市論的な観点から伝統的なスークの重要性を十分に認めている。現在スークの建物は老朽化が激しく、その一〇パーセントは使用不可能な状況のため、その大がかりな修、改築が計画されている。それに当たって良くありがちなことであるが、メディーネの中心に三メートル幅の自動車道路を通せという案も、近代主義者から提示されたようである。現地の人々の商業的ビヘーヴィアーにかんがみて、近代的な経済の中心地を作るならば、メディーネの外に作るべしというのがダヴィードの主張である。論調は及び腰であるが、伝統的なものにたいする理解も、研究者の間で変化しつつあるようである。厳選された参考文献のリストを見ると、きちんとお奨めのベラルディーの空間論が入っている。中東研究においても、少しずつ〈内側から見る眼〉が育ってきているのである。

アレッポのスークの、歪んだ小道の古い石畳を踏みしめながらいつも心にとまることがあった。それはスークの人々の、かげりのない明るさである。不幸に悲しみ、貧しさに苦しむことはひと皆同じであろう。一人一人を取り上げてみれば、彼等の中にも真面目な人間もいれば、こすっからい人間もいる。しかし決して皆が皆豊かではない彼等は、ひとしなみに明るいのである。これはなぜであろうか。

スークの人々の生きざまは、不思議にミルフィオーリと呼ばれる硝子の器を思い出させる。それは古代硝子のうちでは最も優雅で、きわめて高価な芸術品である。束ねた着色硝子を輪切りにして組合せ、融合する、つまり金太郎飴の輪切りを素材にしたような器であるが、成形の課程で一々の部分は強い熱気によって玄妙に変形し、その非画一的な諸部分が寄り集まって迫力のある美しさを醸し出す。〈千の花〉を意味するこの古代硝子の器においては、それぞれの花は、それぞれの器量にしたがって固有の花を存分に咲かせ、それらは相集って千花斉放するのである。変形した細部は、花それぞれの差異性を見事に保証し、同時にそれらに炎のような生気を与える。千の花々を一つに統べて花園にするこの器は、正に稀少品である。ミルフィオーリ、その名も高貴、艶やかではないか。そのような名品を、われわれにしてもいろいろな社会に追い求めては、ついに手に入れることができない。

あらゆる国家はいずれは滅び去る。すべての権勢はしばしば、いや殆ど常に専制的、強圧的である。アレッポの人々は、気の遠くなるような長い歴史の過程で、この稀少な硝子器の製法を体得したに相違ない。それには数々の秘訣があるであろうが、第一の要諦は資本と国家の共犯を絶対に許さず、稀少で誉れ高い器、ミルフィオーリをそれらの権力の干渉から守り抜くことである。権勢は小やみなく内から、外から立ち現れてくる。しかしそれらとて、いずれは滅び去る運命にある。柳に風と受け流し、自らの尊厳と、活力を決して失わない、小暗く、歪んだ小路の中の人々の生活は、恐らく資本主義、社会主義を問わず、調和ある社会生活の実現を求めた良心的な思想家たちの夢を、それとなく実現しているのではないだろうか。この稀少な器は、人々の眼に触れることは稀である。またスークの人々はその美しさを、誇らかに他人に語るようには意識していない。しかしこのように個のあり方を秘かに主張しながら、さまざまな他者と共存する、千の花々が乱れ咲く花園について語ることは、そこにわけ入った者のささやかな務めであろう。

〈商人たちの共和国〉はいま、不幸にして人々の目に触れることの少ない稀少品となっている。しかしそれが内に秘めているさまざまな特徴は、その基本構造をも含めて、中東世界、ないしはイスラーム世界の文化的、社会的本性の究明のために不可欠なものであるように思われる。

基本参考文献

Geertz, Clifford: "Suq: the bazaar economy in Sefrou", *Meaning and order in Moroccan society: Three essays in cultural analysis.* Cambridge, Cambridge University Press, 1979.

プリゴジン、I.、スタンジェール、I.（伏見康治他訳）『混沌からの秩序』、みすず書房、一九八八年

Ibn Jubayr: *Travel of Ibn Jubayr*, tr. by J. C. Broadhurst. London, Jonathan Cape, 1952.

Sauvaget, J.: *Alep: Essai sur le developpement d'une grande ville syrienne des origines au milieu du XIXe siècle.* Paris, Paul Geuthner, 1941.

フーコー、M.（中村雄二郎訳）『知の考古学』、河出書房新社、一九六九年

ドゥルーズ、G.＋ガタリ、F.（宇野邦一他訳）『千のプラトー』、河出書房新社、一九九四年

Berardi, R.: "Espace et ville en pays d'Islam", *L'espace social de la ville arabe.* Paris, Maisonneuve et Larousse, 1979.

Ezaki, M.: "The Ideal Notion and its Embodiment: the courtyard house of the Arab-Islamic world". (IMES Working Papers Series No. 26), The Institute of Middle Eastern Studies, IUJ, 1991.

デュルケーム、E.（田原音和訳）『社会分業論』（現代社会学大系・第二巻）、青木書店、一九八五年

黒田壽郎「イスラーム世界の社会編成原理」、『共同体論の地平——地域研究の視座から』所収、三修社、一九九〇年

同右「初期イスラーム神学」、岩波講座「東洋思想」第三巻『イスラーム思想Ｉ』所収、岩波書店、一

九八九年
同右：バーキルッ＝サドル、M.『イスラーム経済論』（訳・解題）、未知谷、一九九三年
同右：バーキルッ＝サドル、M.『イスラーム哲学』（訳・解題）、未知谷、一九九四年
同右：バーキルッ＝サドル、M.『無利子銀行論』（共訳・解題）、未知谷、一九九四年
同右『イスラーム辞典』（編）、東京堂出版、一九八二年
Al-Ghazzī: *Nahr-dh-dhahab fī ta'rīkh Ḥalab*: 3 vols. Ḥalab, al-Maṭba'at al-marūniyyah, 1926.
Rāfiq, 'Abd-l-Karīm: *Bilād-sh-Shām wa Miṣr, mina-l-fatḥ-l-'Uthmānī ilā ḥamlah Nābliyūn Bunabārt (1516-1799)*, aṭ-ṭab'ah-th-thāniyah, Dimashq, 1968.
Tate, Jihane: *Une waqfiyya du XVIIIe siècle à Alep: La waqfiyya d'al Hagg Musa al-Amiri*. Damas, Institut Français de Damas, 1990.
Himadeh, S. B. (ed.): *Economic Organization of Syria*. 1936 (N.Y., AMS, 1973, reprint.)
Russell, Alex: *The Natural History of Aleppo*: 2 vols. London, G. G. and J. Robinson, Pater-Noster-Row, 1794 (Westmead, Gregg International Pub. Ltd., 1969, reprint.)
クラストル、P.（渡辺公三訳）『国家に抗する社会——政治人類学研究』、風の薔薇（のち水声社）、一九八七年
原洋之助『クリフォード・ギアツの経済学——アジア研究と経済理論の間で』、リブロポート、一九八五年
Sen, A.: *Poverty and Famines: An Essay on Entitlement and Deprivation*. Oxford, Clarendon Press, 1984.
Akerlof, G. A.: *An Economic Theorist's Book of Tales*. Cambridge, Cambridge University Press, 1984.

David, Jean-Claude: *Le waqf d'Ipsir Pasa à Alep* (*1063/1653*) : *Etude d'urbanisme historique*. Damas, Institut Français de Damas, 1982.

Grant, Ch. P. : *The Syrian desert : Caravans, Travel and Exploration*. London, A. & C. Black, 1937.

Abu-Lughod, J. L. : *Before European Hegemony : The World System A. D. 1250-1350*. N. Y., Oxford University Press, 1989.

Bianquis, T. : *Damas et la Syrie sous la domination Fatimide* (*359-468/969-1076*) : 2 vols. Damas, Institut Français de Damas, 1986.

Gaube, H. & Wirth, E. : *Aleppo : Historische und geographische Beiträge zur baulichen Gestaltung, zur Organisation und zur wirtschaftlichen Dynamik einer vorderasiatischen Fernhandelsmetropole* ; 2 vols. Wiesbaden, Dr. Ludwig Reichert, 1984.

Nasir, J. J. : *The Islamic Law of Personal Status*. London, Graham & Trotman, 1986.

Raymond, A. : *Artisans et commerçants au Caire au XVIIIe siècle* : 2 vols. Damas, Institut Français de Damas, 1973-74.

Masters. B. : *The Origins of Western Economic Dominance in the Middle East : Mercantilism and the Islamic Economy in Aleppo, 1600-1750*. N. Y., New York University Press, 1988.

ブローデル、F.（山本淳一他訳）『物質文明・経済・資本主義　十五—十八世紀』、全六巻、みすず書房、うち四巻刊行済、一九八五年—一九八八年

同右（浜名優美訳）『地中海』、全五巻、藤原書店、一九九一—九五年

Ibn ash-Shahnah: *ad-Durr al-muntakhab fī ta'rīkh Ḥalab*. Ḥalab, Dār-l-kitāb al-ʿarabī, 1404 (H.).

Zuyūd, M. A. : *Ḥālat bilād-sh-Shām al-'iqtiṣādiyyah.* (n. p.), Dār-l-fikr, 1992.
Shatzmiller, M. : *Labour in the Medieval Islamic World.* Leiden, E. J. Brill, 1994.
aṭ-Ṭabbākh, M. R. : *'I'lām an-Nubalā' bi-ta'rīkh Ḥalab ash-Shahbā',* 7 vols. Ḥalab, Dār-l-qalam al-'arabī, 1988.
黒田美代子「イスラーム経済の基本構造――M.バーキルッ＝サドルの『イスラーム経済論』をめぐって」（中央大学企業研究所年報・V）、一九八四年
同右「経済自由化とシリアの伝統経済」（国際大学中東研究所紀要・6）、一九九二年
同右「イスラーム経済の構造と位置」、『イスラーム経済――理論と射程』所収、三修社、一九八八年
同右「イスラーム共同体と共存の原理」（国際大学中東研究所紀要・3）一九八八年
同右『チュニジア私的関係法』（訳）国際大学中東研究所、一九九〇年
同右：“Economic Liberalization and the Suq in Syria”, *Economic and Political Liberalization in the Middle East.* London, British Academic Press, 1993.
同右：“The Relevance of the Idea of a ‘Nation State’ in the Middle East”. *Nature of the Islamic Community.* Keiso Shobo, 1991.

あとがき

人生においてあらゆる重要な出会いは、たんなる偶然ではないといわれる。筆者にとって中東世界との出会いは、振り返ってみれば思いもかけない出来事で、決してたんなる偶然ではなかったようである。大学でフランス文学を専攻した筆者にとって、当時の中東世界は今よりもはるかに遠い世界であった。大学卒業後は、世界のさまざまな宗教に漠然と興味を持った。高校までミッション・スクールに籍を置いていたせいであろうか、宗教には強い反発を覚えがちであった。とはいえ、自分の生きる源、自己の存在証明を求めるためには、われわれ日本の祖先たちがしてきたように、今の世代が親しんでいる近代的、理性的なものではない、仏教や儒教といったより大きな枠組みをもつ知的、精神的なもの、生まれ育ったこの日本の文化の一段と深層にあるものを発見したいという欲求に駆られていた。

その後中東を専門とする研究者と結婚し、運命の導くままにエジプトのカイロ、イランのテヘラン、最近ではシリアのダマスカスやアレッポに、比較的長く滞在する機会に恵まれた。これが一つの大きな出会いである。初めて訪れて以来、中東世界とその地の人々の生活の奥深さには、強い感動というか、衝迫といえるようなものを覚えた。この地の民衆は、物質的に決して豊かではないが、彼らの生きざまには、こちらの思惑をはるかに超える寛《おお》らかさと叡知が感じられるのである。その後ベルリン、パリ、ロンドンや、イギリスの地方都市においても、長短さまざまに生活をする機会を得た。ヨーロッパでの生活も、それはそれなりに有意義な経験であった。しかし初めて訪れた外国、中東世界における生活は、先進世界といわれる場所でのそれよりも、はるかに心なごみ、奥深いものであった。それはなぜであろうか。さまざまな著作に当たってみたが、残念ながらこの点について十分納得のいくような研究、記述に出会うことは、本当に稀であった。

中東世界との付き合いに年を重ねながら、研究の上ではイスラームに興味を持ち、宗教としてのこの教えは当然のことながら、むしろその文化、社会的な分節化に関心を抱き、イスラームの法、とりわけ私的関係法や、イスラーム経済について論文を書いてきた。フリーランスの研究者に、おうように席を貸してくれるような研究機関は、きわめて稀である。長らく研究者としての仮の宿を提供して下さったのは、中央大学の経営研究所、比較法研究所である。経歴、地位には拘りはないが、故岩尾裕純教授、ならびに真田芳憲教授にはさまざまな御高配を賜った。同時に国際大学中東研究所には、長らく研究の場を提供して頂くとともに、みずみずしい感性を備えた若い研究者たちとの交流からは、多くの知的示唆を得た。これらの方々に心からの謝意を表したい。

同時に歴史好きな筆者の個人的な関心から、パレスティナ問題、それと密接に関わる中東現代史、とりわけシリア、レバノンの歴史にも興味を持ち、いくつかの論文を書いている。しかし中東世界での多くの経験、現地での人々との長い付き合いから醸成されたものは、この種の学術的な論文では決して描ききれないもの、現地には歴然として存在しながら、研究者や著述家たちが少しも言及し、分析していないものへの沈黙を許さなかった。オリエンタリスト的な言説でがんじがらめにされた次元、領域においては、対象を対象として無心に凝視する営みには、かなりの困難が伴うのである。

シリアのアレッポは、筆者にとり深い思い出の地である。一九六七年のいわゆる六日戦争の直後、当時カイロに留学していた筆者は、ベイルートから地中海東岸をまわり、東欧をぬけてロンドンに至るすべて陸路の大旅行を試みた。しかし広いシリアの砂漠を横切って、初めてアレッポの城塞が眼下に姿を現した折の感動、積年のスークの重厚な美しさ。この紛れもない出会いの記憶は、時を経ても筆者の胸裡を離れることはなかった。その後二十年余を経て、まさに運命の糸に導かれるかのように、半ば偶然に、半ば意図的にこの町で現地調査を行う機会がやってきた。知人たちとの一団で、アレッポのスークの現地調査を行う好機が訪れたのである。

政治情勢の厳しい中東世界は、総じて現地調査の難しい所である。しかしアレッポ大学は、フーリーエ学長、有名なアラブ伝統科学研究所所長のマーグート教授を始め、われわれの調査を全面的に支援してくれた。筆者の今回の調査も、この方々の援助、協力なしには決して簡単に成就することはなかったであろう。すぐに胸襟を開いて望むままに筆者の質問に答え、それ以上に親しく友人となってくれたスークの人々、それに商・工会議所の役員、職員たち……彼らとの出会いは、今や決してたんなる出会いではない。

私事にわたるが、一九九五年は筆者にとりすべてが新しい始まりをみせた新生の年である。これまで大学の教職とは関わりのなかった筆者は、縁あってある女子大学で教鞭を取るようになった。普通の学者のようにならないで欲しい、という周囲の忠告は有難く肝に銘ずるとして、初めて教壇に立つ者にとり教育は神聖なものである。これもまた一つの出会いであるが、これまでのささやかな研究の成果を若い学生たちに伝えるにつれ、やはり心引き締まるものを感じざるをえない。

同時にこの『商人たちの共和国』は、単行本としては筆者の処女出版である。ところで本書の内容は、殆どの読者にとってはまったく未知の主題である。専門家でない読者の興味を引き、殆ど研究されていない領域に関してなにがしか纏まった発言をするためには、筆者もそれなりに四苦八苦している。中東研究では未だに支配者の歴史、よそいきの社会論しかなされていないため、出版者は選択に当たりかなり冒険をされたはずである。しかし、歴史を振り返ることにより現代を相対化するアナール派の業績の紹介で有名な出版者にとって、異文化を省みることにより西欧を相対化するという試みは、それほど奇異なものではなかったようである。

既に述べたように本書は、中東のある都市に残されている経済システムの特殊性と、それが埋め込まれている社会的な枠組みについて、多くの読者に紹介することを第一の目的としている。さまざまな構成要素が組み込まれ、有機的な構造を持つイスラームの文化的事象を描き出すに当たり、一つの部分のみを特筆大書して他の部分を割愛すれば、貴重なエッセンスがこぼれ落ちてしまう危険性がある。そのような著者の側の心積もりから、読者は仕方なしにこの世界のさまざまなアスペクトと付き合わされることとなる。しかしこのような我がままを許して下さった読者には、本書の内容が中東研究の新しい一つの出発点に他ならず、この種の分析は中東の社会、政治に基本的な諸問題に適用可能であり、その結果として地中海の北と南の鮮やかな対比が見いだされるであろうことを、予告させて頂こう。穏和で、清澄な地中海は、二つの異なった文明の真の対話、弁証法を成立させる豊饒の海なのである。この海は、平板な南北交渉史で説明し尽くせるような、安易なものではない。しかしこれまでのところ、稔りある対話を成就するための重要な他の一項は、未だに貌、表情を与えられぬまま取り残されているのではなかろうか。しかしはじめにも述べたように、中東の最近の研究成果は、ネオ・ウェーバリアンたちの退場を予感させずにはいない、新しい展開を示しているのである。

遠隔貿易の旅は始められたばかりであるが、筆を擱くに当たってこのきわめて新しい領域への冒険を、深い洞察力をもって支持され、旅立ちの機会を提供して下さった藤原書店の藤原良雄社長、心強い誠意、熱意をもって製作の任に当たられた編集の清藤洋氏、お二人の御高配、御尽力に深く御礼を申し上げる。またさまざまな機会にシリアを共に旅し、快く写真を提供された若い友人たち、門田美鈴さん、加藤智津子さん、貞宗康則さん、また表紙のアラビア文字等で御世話になった有見次郎さんにこの場を借りてお礼を申し上げたい。とりわけこの著作の出版のために、藤原書店との良縁を創って頂いた門田さんには、心からの感謝を捧げる次第である。

初仕事を終えて思われるのは、以上のようなさまざまな出会いが、決してたんなる偶然ではないということである。

黒田　美代子

一九九五年六月

著者紹介

黒田美代子（くろだ・みよこ）

東京生まれ。1956年，慶應義塾大学文学部仏文学科卒業。1968年，在カイロ，アズハル特別研究科修了。駒沢女子大学教授を務める。専攻，中東現代史，イスラーム文化・社会論。2011年歿。

主論文，「イスラーム世界における女性の位置」（『女性と文明』，聖心女子大学キリスト教文化研究所，1986年），「イスラーム共同体と共存の原理」（国際大学中東研究所紀要，1988年），“The Relevance of the Idea of a ‘Nation State’ in the Middle East”（*Nature of the Islamic Community*，勁草書房，1991年），「イスラームの私的関係法Ⅰ・Ⅱ」（『中東協力センターニュース』，1986年），「イスラーム経済の構造と位置」（『イスラーム経済——理論と射程』，三修社，1988年），「無利子概念の背景と構造」（『現代イスラーム経済論』，国際大学中東地域研究科，1987年），「経済自由化とシリアの伝統経済」（国際大学中東研究所紀要，1992年），“Economic Liberalization and the Suq in Syria”（*Economic and Political Liberalization in the Middle East*, London, British Academic Press, 1993），「イスラーム社会の女性とアンペイド・ワーク」（『アンペイド・ワークとは何か』，藤原書店，2000年），等。

商人《しょうにん》たちの共和国《きょうわこく》——世界最古《せかいさいこ》のスーク、アレッポ〈新版〉

1995年7月25日　初版第1刷発行
2016年12月10日　新版第1刷発行©

著　者　黒田美代子
発行者　藤原良雄
発行所　株式会社　藤原書店

〒162-0041　東京都新宿区早稲田鶴巻町523
電　話　03（5272）0301
FAX　03（5272）0450
振　替　00160-4-17013
info@fujiwara-shoten.co.jp

印刷・製本　中央精版印刷

落丁本・乱丁本はお取替えいたします
定価はカバーに表示してあります

Printed in Japan
ISBN978-4-86578-102-1

多様な視点から総合的に分析

別冊『環』⑤
ヨーロッパとは何か

〈インタビュー〉一哲学者が語るヨーロッパ　ラクー＝ラバルト
〈対談〉ヨーロッパの思想家のヨーロッパ　中沢新一＋鈴木一策
〈寄稿〉深澤英隆／山内進／糟谷啓介／ショーニュ／岡田明憲／沓掛良彦／北川誠一／伊東俊太郎／松村賢一／眞田芳憲／橋本毅彦／吉田忠／谷村晃／中山茂／樋口恒晴／加藤博／田中道子／小川了／上村忠男／桜井直文／中島義道／三島憲一／倉田稔／飯塚正人

菊大並製　三七六頁　三二〇〇円
（二〇〇二年一二月刊）
◇978-4-89434-315-3

大英帝国「世界制覇」の真の立役者

スコットランド・ルネッサンスと大英帝国の繁栄

北　政巳

科学技術・鉄道・海運など大英帝国の「世界制覇」の武器を準備したのは、実はスコットランドだった。ヨーロッパの西北端の地で独自の知的・宗教的文化を開花させたスコットランドの五百年史を初めて描ききった意欲作。

四六上製　三五二頁　三〇〇〇円
（二〇〇三年二月刊）
◇978-4-89434-329-0

ギリシア文明の起源に新説

黒いアテナ ㊤㊦

（古典文明のアフロ・アジア的ルーツ　II　考古学と文書にみる証拠）

M・バナール
金井和子訳

考古学・言語学の緻密な考証から古代ギリシアのヨーロッパ起源を否定し、フェニキア・エジプト起源を立証、欧米にセンセーションを巻き起こした野心作の完訳。［㊤特別寄稿］小田実

A5上製
㊤五六〇頁　四八〇〇円（二〇〇四年六月刊）
㊦六〇〇頁　五六〇〇円（二〇〇五年一一月刊）
㊤◇978-4-89434-396-2
㊦◇978-4-89434-483-9

BLACK ATHENA　Martin BERNAL

『黒いアテナ』批判の反批判

『黒いアテナ』批判に答える ㊤㊦

M・バナール　金井和子訳

問題作『黒いアテナ』で示された、古代ギリシア文明がエジプト、レヴァントなどからの影響を受けて発達したとする〈改訂版古代モデル〉が、より明快に説明され、批判の一つ一つに逐一論駁した、論争の書。

A5上製
㊤四七二頁　五五〇〇円（二〇一二年六月刊）
㊤三六八頁　四五〇〇円（二〇一二年八月刊）
㊤◇978-4-89434-863-9
㊦◇978-4-89434-864-6

BLACK ATHENA WRITES BACK　Martin BERNAL

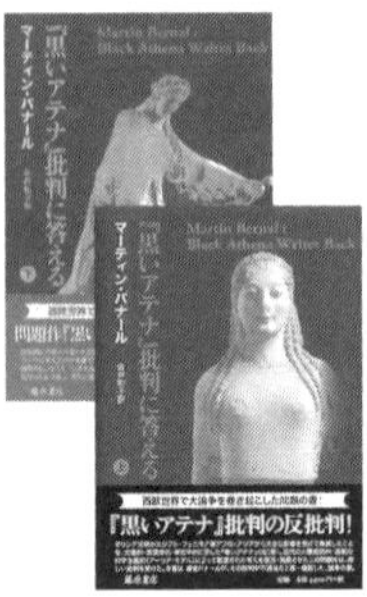

共存の歴史を明かす

イスラーム治下のヨーロッパ

〈衝突と共存の歴史〉

Ch‐E・デュフルク
芝修身・芝紘子訳

ヨーロッパ世界とイスラーム世界は果たして水と油なのか？　イスラーム治下の中世ヨーロッパにおける日常生活の歴史から、共存の実態を初めて明かし、二大文明の出会いを描く。

四六上製　三五二頁　三三〇〇円
（一九九七年四月刊）◇978-4-89434-066-4

LA VIE QUOTIDIENNE DANS L'EUROPE MÉDIÉVALE SOUS DOMINATION ARABE
Charles-Emmanuel DUFOURCQ

サイードの一歩先へ

イスラームの国家・社会・法

〈法の歴史人類学〉

H・ガーバー
黒田壽郎訳＝解説

イスラーム理解の鍵、イスラーム法の歴史的実態を初めて明かす。ウェーバーの「東洋的専制」論を実証的に覆し中東における法と理性の不在という既存の定説に宿るオリエンタリズムの構造をあばいた、地域研究の最前線。

A5変上製　四一六頁　五八〇〇円
（一九九六年一一月刊）
品切◇978-4-89434-053-4

STATE, SOCIETY, AND LAW IN ISLAM
Haim GERBER

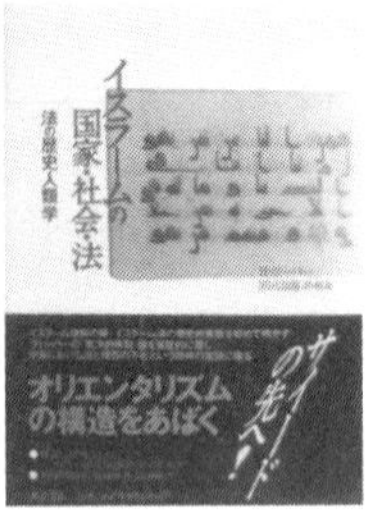

もう一つの「ディアスポラの民」の三千年史

アルメニア人の歴史

〈古代から現代まで〉

G・ブルヌティアン
小牧昌平監訳　渡辺大作訳

ハチャトリアン、サローヤン、アズナヴールら優れた芸術家を輩出してきたアルメニア人。多宗教が交錯するコーカサスの地における、諸民族・諸帝国からの独立に向けた苦闘と、世界に離散した「ディアスポラ」の三千年史を一冊にまとめた、アルメニア史研究の第一人者による決定版。

A5上製　五二八頁　八八〇〇円　カラー口絵一六頁
（二〇一六年一月刊）◇978-4-86578-057-4

A CONCISE HISTORY OF THE ARMENIAN PEOPLE
George A. BOURNOUTIAN

リビアの全貌を初めて活写

交感するリビア

〈中東と日本を結ぶ〉

江口朴郎・板垣雄三編

世界のなかで、これほど注目されながら、これほどまでに無視され、実態の知られていない国、リビアの正体を十人の識者が語る。二一世紀に向けて圧倒的な重要性をもつ中東を捉え、国家とは、〈東と西〉とは、〈民族〉とは何かを問う。

四六上製　二四〇頁　一九四二円
（一九九〇年三月刊）
在庫僅少◇978-4-938661-04-5

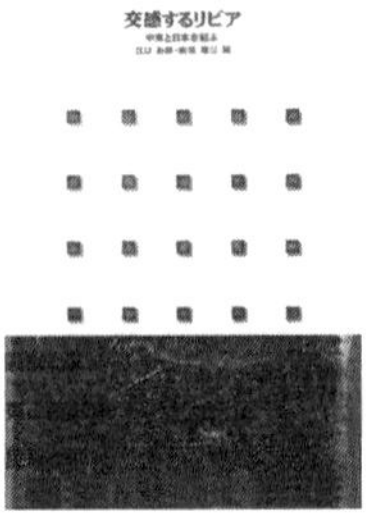